Federico Andahazi
El secreto de los flamencos

Federico
Andahazi

El secreto
de los flamencos

Ediciones Destino
Colección
Áncora y Delfín
Volumen 958

© Federico Andahazi, 2002
© Ediciones Destino, S. A., 2002
Diagonal, 662. 08034 Barcelona
www.edestino.es
Primera edición: octubre 2002
ISBN: 84-233-3435-X
Depósito Legal: M. 38.916-2002
Impreso por Mateu Cromo Artes Gráficas, S. A.
Ctra. de Fuenlabrada s/n. 28320 Madrid
Impreso en España-Printed in Spain

1
ROJO BERMELLÓN

I

Una bruma roja cubría Florencia. Desde el *Forte da Basso* hasta el de Belvedere, desde la *Porta al Prato* hasta la *Romana*. Como si estuviese sostenida por las gruesas murallas que rodeaban la ciudad, una cúpula de nubes rojas traslucía los albores del nuevo día. Todo era rojo debajo de aquel vitral de niebla carmín, semejante al del rosetón de la iglesia de Santa María del Fiore. La carne de los corderos abiertos al medio que se exhibían verticales en el mercado y la lengua de los perros famélicos lamiendo los charcos de sangre al pie de las reses colgadas; las tejas del *Ponte Vecchio* y los ladrillos desnudos del *Ponte alle Grazie*; las gargantas crispadas de los vendedores ambulantes y las narices entumecidas de los viandantes, todo era de un rojo encarnado, aún más rojo que el de su roja naturaleza.

Más allá, remontando la ribera del Arno hacia la *Via della Fonderia*, una modesta procesión arrastraba los pies entre las hojas secas del rincón más oculto del viejo cementerio. Lejos de los monumentales mausoleos, al otro lado del pinar que separaba los panteones patricios del raso erial sembrado de cruces enclenques y lápidas torcidas, tres hombres doblegados por la con-

goja más que por el peso exiguo del féretro desvencija-
do que llevaban en vilo, avanzaban lentamente hacia
el foso recién excavado por los sepultureros. Quien
presidía el cortejo, cargando él solo con el extremo de-
lantero del ataúd, era el maestro Francesco Monterga,
quizá el más renombrado de los pintores que estaban
bajo el mecenazgo, bastante poco generoso por cierto,
del duque de Volterra. Detrás de él, uno a cada lado,
caminaban pesadamente sus propios discípulos,
Giovanni Dinunzio y Hubert van der Hans. Y finalmente, cerrando el cortejo, con los dedos enlazados
delante del pecho, iban dos religiosos, el abate Tomasso
Verani y el prior Severo Setimio.

El muerto era Pietro della Chiesa, el discípulo más
joven del maestro Monterga. La *Compagnia della Misericordia* había costeado los módicos gastos del entierro,
habida cuenta que el difunto no tenía familia. En efecto, tal como testimoniaba su apellido, Della Chiesa,
había sido dejado en los brazos de Dios cuando, a los
pocos días de nacer, lo abandonaron en la puerta de la
iglesia de Santa María Novella. Tomasso Verani, el cura
que encontró el pequeño cuerpo morado por el frío y
muy enfermo, el que le administró los primeros sacra-
mentos, era el mismo que ahora, dieciséis años después, con un murmullo breve y monocorde, le auguraba un rápido tránsito hacia el Reino de los Cielos.

El ataúd estaba hecho con madera de álamo, y por
entre sus juntas empezaba a escapar el hedor nausea-
bundo de la descomposición ya entrada en días. De
modo que el otro religioso, con una mirada imperati-
va, conminó al cura a que se ahorrara los pasajes más
superfluos de la oración; fue un trámite expeditivo que
concluyó con un prematuro «amén». Inmediatamente,
el prior Severo Setimio ordenó a los sepultureros que
terminaran de hacer su trabajo. A juzgar por su expre-

sión, se hubiera dicho que Francesco Monterga estaba profundamente desconsolado e incrédulo frente al estremecedor espectáculo que ofrecía la resuelta indiferencia de los enterradores.

Cinco días después de su súbita e inesperada desaparición, el cadáver de Pietro della Chiesa había sido hallado extramuros, en un pósito de leña no lejos de la villa donde residían los aldeanos del *Castello Corsini*. Presentaba la apariencia de la escultura de Adonis que hubiese sido violentamente derribada de su pedestal. Estaba completamente desnudo, yerto y boca abajo. La piel blanca, tirante y salpicada de hematomas, le proporcionaba una materialidad semejante a la del mármol. En vida, había sido un joven de una belleza infrecuente; y ahora, sus restos rígidos le conferían una macabra hermosura resaltada por la tensión de su fina musculatura. Los dientes habían quedado clavados en el suelo, mordiendo un terrón húmedo; tenía los brazos abiertos en cruz y los puños crispados en actitud de defensa o, quizá, de resignación. La mandíbula estaba enterrada en un barro formado con su propia sangre, y una rodilla le había quedado flexionada bajo el abdomen.

La causa de la muerte era una corta herida de arma blanca que le cruzaba el cuello desde la nuez hasta la yugular. El rostro había sido desollado hasta el hueso. El maestro Monterga manifestó muchas dificultades a la hora de reconocer en ese cadáver hinchado el cuerpo de su discípulo; pero por mucho que se resistió a convencerse de que aquellos despojos eran los de Pietro della Chiesa, las pruebas eran irrefutables. Francesco Monterga lo conocía mejor que nadie. Como a su pesar, finalmente admitió que, en efecto, la pequeña cicatriz en el hombro derecho, la mancha oblonga de la espalda y los dos lunares gemelos del muslo izquierdo correspondían, indudablemente, a las señas particulares de su discípulo dilecto. Para despejar toda posible duda, a poca distancia del lugar habían sido encontradas sus ropas diseminadas en el bosque.

Tan avanzado era el estado de descomposición en que se encontraban sus despojos, que ni siquiera habían podido velarlo con el cajón abierto. No solamente a causa de la pestilencia que despedía el cuerpo, sino porque, además, el rigor mortis era tan tenaz que, a fin de acomodarlo en el ataúd, tuvieron que quebrarle los brazos que se obstinaban en permanecer abiertos.

El maestro Monterga, con la mirada perdida en un punto impreciso situado más allá incluso que el fondo del foso, recordó el día en que había conocido al que llegaría a ser su más leal discípulo.

II

Un día del año 1474 llegó al taller de Francesco Monterga el abate Tomasso Verani con unos rollos bajo el brazo. El padre Verani presidía el *Ospedale degli innocenti*. Saludó al pintor con una expresión fulgurante, se lo veía animado como nunca, incapaz de disimular una euforia contenida. Desenrolló con aire expectante las hojas sobre una mesa del taller y le pidió al maestro su docta opinión. Francesco Monterga examinó al principio sin demasiado interés el primero de los dibujos que el cura había puesto intempestivamente frente a sus ojos. Conjeturando que se trataba de una temeraria incursión del propio abate en los intrincados mares de su oficio, intentó ser compasivo. Sin ningún entusiasmo, con un tono cercano a la disuasión, meneando ligeramente la cabeza, dictaminó ante el primer dibujo:

—No está mal.

Se trataba de un carbón que representaba los nueve arcos del pórtico del orfanato construido por Brunelleschi. Pensó para sí que, después de todo, podía estar mucho peor tratándose de un neófito. Destacó el sagaz manejo de la perspectiva que dominaba la vista del pórtico y, al fondo, el buen trazo con que había dibujado las alturas del campanario de la *Santissima Annuziata*. El recurso de luces y sombras era un tanto torpe, pero se ajustaba, al menos, a una idea bastante precisa del procedimiento usual. Antes de que pudiera enunciar una crítica más concluyente, el padre Verani desplegó el otro dibujo sobre aquel que todavía no había terminado de examinar el maestro. Era un retrato del propio abate, una sanguina que revelaba un trazo inocente pero decidido y suelto. La expresión del clérigo estaba ciertamente lograda. De cualquier modo, se dijo para sí el maestro, entre la corrección que revelaban los dibujos y el afán de perfección que requería el talento del artista, existía un océano insalvable. Más aún teniendo en cuenta la edad del padre Verani. Intentó buscar las palabras adecuadas para, por un lado, no herir el amor propio del cura y, por otro, no entusiasmarlo en vano.

—Mi querido abate, no dudo del esmero que revelan los trabajos. Pero a nuestra edad... —titubeó—. Quiero decir..., sería lo mismo que si yo, a mis años, aspirara a ser cardenal...

Como si acabara de recibir el mayor de los elogios, al padre Verani se le encendió la mirada e interrumpió el veredicto:

—Y todavía no habéis visto nada —dijo el cura.

Tomó a Francesco Monterga de un brazo y, poco menos, lo arrastró hasta la puerta, abandonando el resto de los dibujos sobre la mesa. Lo condujo escaleras abajo y, antes de que el maestro atinara a hablar, ya estaban en la calle camino al *Ospedale degli innocenti*.

El maestro conocía la vehemencia del padre Verani. Cuando algo se le ponía entre ceja y ceja, no existían razones que pudieran disuadirlo hasta conseguir su propósito. Caminaba sin soltarle el brazo, y Monterga, mientras intentaba seguir su paso resuelto, mascullando para sí, no se perdonaba la vaguedad de su dictamen. Cuando doblaron en la *Via dei Servi*, el pintor se soltó de la mano sarmentosa que le oprimía el brazo y estuvo a punto de gritarle al cura lo que debió haberle dicho dos minutos antes. Pero ya era tarde. Estaban en la puerta del hospicio. Cruzaron en diagonal la *Piazza*, caminaron bajo el pórtico y entraron al edificio. Armado de un escudo de paciencia y resignación, el maestro se disponía a perder la mañana asistiendo al nuevo capricho del abate. El pequeño cubículo al que lo condujo era un improvisado taller oculto tras el recóndito dispensario; tan reservado era el lugar, que se hubiera sospechado clandestino. Aquí y allá se amontonaban tablas, lienzos, papeles, pinceles, carbones, y se respiraba el olor áspero del *atramentum* y los extractos vegetales. Cuando se acostumbró un poco a la oscuridad, el maestro alcanzó a ver en un ángulo de la habitación la espalda menuda de un niño sobre el fondo claro de una tela. La mano del pequeño iba y venía por la superficie del lienzo con la misma soltura de una golondrina volando en un cielo diáfano. Era una mano tan diminuta que apenas podía abarcar el diámetro del carbón. Contuvo la respiración, conmovido, temiendo que el más mínimo ruido pudiera estropear el espectáculo. El padre Verani, con las manos cruzadas bajo el abdomen y una sonrisa beatífica, contemplaba la expresión perpleja y maravillada del maestro.

El niño era Pietro della Chiesa; todavía no había cumplido los cinco años. Desde el día en que el cura lo recogió cuando fue abandonado en la puerta de la iglesia de Santa María pensando que estaba muerto y, contra todos los pronósticos, sobrevivió, supo que no habría de ser como el resto de los niños del orfanato.

Igual que todos sus hermanos de infortunio, el pequeño fue inscrito en el precario, ilegible y muchas veces olvidado *Registro da nascita*, con el apellido Della Chiesa. Pero a diferencia de los demás, cuyos nombres se correspondían con el del santo del día en el que ingresaban al *Ospedale degli innocenti*, el padre Verani decidió romper la regla y bautizarlo Pietro en homenaje a su propia persona, que llevaba por nombre Pietro Tomasso. El niño demostró muy pronto una curiosidad infrecuente. Sus ojos, negros y vivaces, examinaban todo con el más inusitado interés. Tal vez porque era el protegido del abate, gozó siempre en el *Ospedale* de mayores atenciones que los demás. Pero era un hecho cierto y objetivo que, mucho más temprano de lo habitual, fijó la mirada sobre los objetos de su entorno y empezó a tratar de representarlos. Con tal fin, y muy precozmente, aprendió a utilizar todo aquello que pudiese servir para dejar rastros tanto en el suelo como en las paredes, en su ropa y hasta sobre su propio cuerpo. Sor María, una portuguesa de tez morena que era la encargada de su crianza, día tras día descubría, escandalizada, las nuevas peripecias del pequeño. Cualquier cosa era buena para dejar testimonio de su incipiente vocación: barro, polvo, restos de comida, carbón, yeso arañado de las paredes. Cualquier materia que cayera en sus manos era utilizada de manera inmisericorde sobre cuanta inmaculada superficie estuviera a su alcance. Si la hermana María decidía encerrarlo en castigo, se las componía de cualquier modo para no interrumpir su obra: insectos aplastados, concienzudamente emulsionados con sus propias excreciones, eran para el pequeño Pietro el más estimado de los temples. El gran patio central era su más exquisito almacén de provisiones. Aquí y allá tenía al alcance de la mano las mejores acuarelas: frutas maduras, pasto, flores, tierra, babosas y polen de los más variados colores. La paciencia y la tolerancia de su protector parecían no tener límites. Sor María no se explicaba por qué razón el abate, que solía mantener la disciplina con mano férrea, permitía que el pequeño Pietro convirtiera el *Ospedale* en un verdadero porquerizo. Antes de mandar a que limpiaran las paredes, el abate se quedaba extasiado mirando la hedionda obra de su protegido, como quien contemplara los mosaicos de la cúpula del Baptisterio. En parte para que la hermana María dejara de cacarear su indignación y terminara de lanzar imprecaciones en portugués, en parte para alimentar la afición de su consentido, el padre Verani le llevó al pequeño un puñado de carbonillas, unas sanguinas, un lápiz traído de Venecia y una pila de papeles desechados por la imprenta del Arzobispado. Fue un verdadero hallazgo. El lápiz se acomodaba a su mano como si fuera parte de su anatomía. Pietro aprendió a dibujarse a sí mismo antes de poder pronunciar su propio nombre. Y a partir del momento en que recibió aquellos regalos el niño se limitó por fin a la breve superficie de las hojas, aunque nunca abandonó su afán de experimentación con elementos menos convencionales. Los avances eran sorprendentes; sin embargo, las precoces habilidades del pequeño iban a encontrarse contra un muro difícil de franquear.

Los enojos de sor María con Pietro eran tan efusivos como efímeros, en contraste con el incondicional cariño que le prodigaba. Y ciertamente, sus fugaces raptos de iracundia no eran nada en comparación con la silenciosa furia que despertaba el niño en quien habría de convertirse en una verdadera amenaza para su feliz existencia en el hospicio: el prior Severo Setimio.

Severo Setimio era quien supervisaba todos los establecimientos pertenecientes al Arzobispado. Cada semana, sin que nadie pudiera prever día ni hora, hacía una sorpresiva visita al *Ospedale*. Con los dedos enlazados por detrás de la espalda, el mentón prognático y altivo, recorría los pasillos, entraba en los claustros y revisaba con escrúpulo, hasta debajo de los camastros, que todo estuviera en orden. Ante la mirada aterrada de los internos, Severo Setimio se paseaba flanqueado por el padre Verani, quien rogaba en silencio que nada hubiera que pudiera irritar el viperino espíritu del prior. Pero las mudas súplicas del cura nunca parecían encontrar abrigo en la Suprema Voluntad; una arruga inopinada en las cobijas, un gesto en el que pudiera adivinar un ápice de irrespetuosidad, el más imperceptible murmullo eran motivos para que, inexorablemente, algún desprevenido expósito fuera señalado por el índice condenatorio de Severo Setimio. Entonces llegaban las sanciones sumarias e inapelables: los pequeños reos eran condenados a pasarse horas enteras de rodillas sobre granos de almorta o, si las penas era más graves, el mismo prior se ocupaba, personalmente, de descargar el rigor de la vara sobre el pulpejo de los dedos de los jóvenes delincuentes. La más intrascendente minucia era motivo para constituir una suerte de tribunal inquisitorial; si, por ejemplo, durante la inspección algún pupilo dejaba escapar una leve risa por traición de los nervios mezclados con el marcial patetismo que inspiraba la figura del prior, la silenciosa furia no se hacía esperar. Inmediatamente ordenaba que todos se formaran en dos filas enfrentadas; abriéndose paso en el estrecho corredor infantil, examinaba cada rostro y, al azar, elegía un fiscal del juicio sumario. El acusador debía señalar al culpable y determinar la pena que habría de caberle. Si el infortunado elegido mostraba una actitud de complicidad, alegando que desconocía la identidad del responsable, entonces pasaba a ser el culpable de hecho y ordenaba que otro decidiera la pena que le correspondía. Si el prior consideraba que el castigo era demasiado complaciente y fundado en la camaradería, entonces también el indulgente verdugo era acusado. Y así, condenando a inocentes por culpables, conseguía que alguien confesara el delito original. Pero los castigos antes enumerados eran piadosos en comparación con el más temido de todos, y cuya sola idea despertaba en los niños un terror superior al de la ira de Dios: *la casa dei morti*. Éste era el nombre con el que se conocía al viejo presidio, el temido infierno al que descendían aquellos cuyos delitos eran tan graves que significaban la expulsión del *Ospedale*. La casa de los muertos era una fortificación en la cima del alto peñón que coronaba un monte sin nombre. Rodeada por cinco murallas que se precipitaban al abismo, cercada por una fosa de aguas negras que se estancaban al pie de la falda escarpada, resultaba imposible imaginar, siquiera, un modo de fuga. De manera que, por muy cruel que pudiera resultar el castigo, cada vez que el prior dictaba una sentencia a cumplirse intramuros del *Ospedale*, el reo soltaba un suspiro de alivio. El inspector arzobispal parecía tener un especial interés por el pequeño Pietro. O, dicho de otro modo, el antiguo encono que el prior le profesaba al padre Verani, convertía al preferido del cura en el blanco de todo su resentimiento. Ni bien tuvo noticias de la temprana vocación de Pietro, determinó que quedaba prohibida cualquier manifestación expresada en papeles, tablas, lienzos y, más aún, en muros, paredes o cualquier otra superficie del orfanato. Y, por supuesto, confiscó todos los enseres que sirvieran a tales fines. De manera que, cada vez que sor María escuchaba la voz del prior Severo Setimio, corría a borrar cuanta huella quedara de la demoníaca obra de Pietro. El padre Verani hacía esfuerzos denodados por distraer al inspector arzobispal, con el fin de darle tiempo a la religiosa para que limpiara las paredes, escondiera los improvisados utensilios y lavara las manos del pequeño, cuyos dedos mugrientos delataban el crimen. Sin embargo, aunque el prior no siempre consiguiera reunir las pruebas suficientes, sabía que el padre Verani apañaba las oscuras actividades de Pietro. Ante la duda, de todos modos, siempre había un castigo para el preferido del abate.

El padre Verani sabía que si un espíritu generoso no se apiadaba y tomaba bajo su protección al pequeño Pietro, cuando tuviera la edad suficiente habría de ser trasladado, inexorablemente, a la casa de los muertos.

III

Aquel lejano día en el que Francesco Monterga conoció al protegido del abate, no podía salir de su asombro mientras veía con qué destreza el pequeño blandía
el carbón sobre el lienzo. El niño se incorporó, miró al
viejo maestro y le ofreció una reverencia. Entonces el
padre Verani hizo un leve gesto al niño, apenas un
imperceptible arqueo de cejas. Sin decir palabra, el
pequeño Pietro tomó un papel, ordinario y sin pren-
sar, trepó a una silla y, de rodillas, alcanzó la altura de
la tabla de la mesa. Clavó sus ojos en los rasgos del
maestro y luego lo examinó de pies a cabeza. Francesco
Monterga era un hombre corpulento. Su abdomen,
grueso y prominente, quedaba disimulado en virtud
de su estatura augusta. La cabeza, colosal y completamente calva, se hubiera dicho pulida como un mármol. Una barba gris y poblada le confería un aspecto
beatífico y a la vez temible. La apariencia del maestro
florentino imponía respeto. Sin embargo, tanto el tono
de su voz como sus modos contrastaban con aquel
porte de leñador; tenía un timbre levemente aflautado
y hablaba con una entonación un tanto amanerada.
Sus dedos, largos y delgados, no dejaban de agitarse,

y sus gruesos brazos acompañaban con un ademán ampuloso cada palabra. Cuando por alguna razón se veía turbado, parecía no poder controlar un parpadeo irritante. Entonces sus ojos, pardos y profundos, se convertían en dos pequeñas gemas tímidas y evasivas hechas de incertidumbre.

Y tal era el caso ahora, mientras posaba inesperadamente para el precoz artista. El pequeño apretó el carbón entre sus dedos mínimos y se dispuso a comenzar su tarea. No sin cierta curiosidad maliciosa, Francesco Monterga giró de repente su cabeza en la dirección opuesta. Pietro trabajaba concentrado en el papel, de tanto en tanto dirigía una rápida mirada al maestro y parecía no importarle en absoluto que hubiera cambiado de posición. En menos tiempo del que tardó en consumirse el resto de la vela que ardía sobre la mesa, el niño dio fin a su trabajo. Se descolgó de la silla, caminó hasta donde estaba Francesco Monterga, le entregó el papel y volvió a hacer una reverencia. El maestro contempló su propio retrato y se hubiera dicho que estaba frente a un espejo. Era un puñado de trazos que resumían con precisión el gesto del pintor. Abajo, en letras románicas, se leía: *Francesco Monterga Florentinus Magister Magistral*. El corazón le dio un vuelco en el pecho y, pese a que era un hombre de emociones comedidas, se sorprendió conmovido. Nunca había obtenido un reconocimiento semejante; ningún colega se había molestado en hacer un retrato del maestro. Ni siquiera él se había permitido el íntimo homenaje de un autorretrato. Era la primera vez que veía su rostro fuera del espejo resquebrajado de su habitación. Y, pese a que gozaba de un sólido reconocimiento en Florencia, nunca antes lo habían honrado con el título de *Magister Magistral*. Y ahora, mientras contemplaba el retrato, por primera vez pensó en la posteridad.

Viéndose en la llanura del papel, pudo confirmar que ya era un hombre viejo. Su vida, se dijo, no había sido más que una sucesión de oportunidades desaprovechadas. Podría haber brillado con el mismo fulgor que Dante había atribuido a Giotto, se creía con el mismo derecho al reconocimiento del que ahora gozaba Piero della Francesca y, ciertamente, merecía la misma riqueza que había acumulado Jan van Eyck de Flandes. Podía haber aspirado como éste a la protección de la Casa Borgoña o a la de los mismísimos Medicis, y no tener que depender del avaro mecenazgo del duque de Volterra. Ahora, en el otoño de su existencia, empezaba a considerar que ni siquiera se había permitido dejar, en su fugaz paso por este valle de lágrimas, la simiente de la descendencia. Estaba completamente solo.

Se hubiera dicho que el padre Verani podía leer en los ojos ausentes de Francesco Monterga.

—Estamos viejos —dijo el abate, y consiguió arrancarle al maestro una sonrisa amarga.

El cura posó sus manos sobre los hombros del pequeño Pietro y lo acercó un paso más hacia el pintor. Carraspeó, buscó las palabras más adecuadas, adoptó un súbito gesto de circunspección y, después de un largo silencio, con una voz entrecortada pero resuelta, le dijo:

—Tomadlo bajo vuestro cuidado.

Francesco Monterga quedó petrificado. Cuando terminó de entender el sentido de aquellas cuatro palabras, mientras giraba lentamente la cabeza hacia el padre Verani, la cara se le iba transfigurando. Hasta que, como si acabara de ver al mismo demonio, con un movimiento espasmódico, retrocedió un paso. Un surco que le atravesaba el centro de las cejas revelaba una mezcla de espanto y furia. De pronto creyó entender el motivo de tanto homenaje. Francesco Monterga podía pasar de la calma a la ira en menos tiempo del que separa el relámpago del trueno.

En esas ocasiones su voz se volvía aún más aguda y sus manos describían en el aire la forma de su furia.

—Eso es lo que queríais de mí.

Agitó el retrato que todavía sostenía entre los dedos, sin dejar de repetir:

—Eso es lo que queríais…

Entonces arrojó el papel a las narices del cura, dio media vuelta y con paso decidido se dispuso a salir del improvisado taller. El pequeño Pietro, ganado por la decepción más que por el miedo, recogió el retrato intentando alisar las arrugas de la hoja con la palma de la mano. En el mismo momento en que Francesco Monterga empezaba a desandar el camino hacia la calle, el abate, que acababa de pasar de la sorpresa a la indignación, lo sujetó del brazo con todas sus fuerzas, al tiempo que le gritaba:

—¡Miserable!

Francesco Monterga se detuvo, se volvió hacia el padre Verani y, rojo de ira, pensó un rosario de insultos e imprecaciones; justo cuando estaba por soltarlos, vio cómo el niño se refugiaba asustado detrás del hábito púrpura del clérigo. Entonces se llamó a silencio limitándose a agitar el índice en el aire. Intentando recuperar la calma, el padre Verani le explicó que era un pecado inexcusable condenar al pequeño otra vez a la orfandad, que estaba seguro de que jamás había visto semejante talento en un niño, lo instó a que mirara otra vez el retrato, y le advirtió que nunca habría de perdonarse por desahuciar ese potencial que Dios había puesto en su camino. Viendo que Francesco Monterga se acercaba a la puerta dispuesto a salir, el padre Verani concluyó:

—Nadie que no tenga un discípulo merece que lo llamen maestro.

Aquella última frase pareció ejercer un efecto inmediato. Los raptos de iracundia de Francesco Monterga solían ser tan altisonantes como efímeros; inmediatamente las aguas solían volver al cauce de su espíritu y la furia se disipaba tan pronto como se había desatado. El pintor se detuvo justo debajo del dintel del portal, miró al pequeño Pietro y entonces no pudo evitar recordar a su propio maestro, el gran Cosimo da Verona.

Francesco Monterga, con la cabeza gacha y un poco avergonzado, le recordó al abate que era un hombre pobre, que apenas si le alcanzaba el dinero para su propio sustento. Le hizo ver que su trabajo en la decoración del *Palazzo Medici*, bajo la despótica dirección de Michelozzo, además de terminar de romperle las espaldas, no le dejaba más que unos pocos ducados.

—Nada tengo para ofrecer a este pobre huérfano —se lamentó, sin dejar de mirar al suelo.

—Pero quizá sí él tenga mucho para daros —contestó el abate, mientras veía cómo el pequeño Pietro bajaba la cabeza ruborizado, sintiéndose responsable de la discusión.

Entonces el padre Verani le invocó formalmente al pintor los reglamentos de tutoría, según los cuales se le otorgaba al benefactor el derecho de servirse del trabajo del ahijado, y le recordó que, en el futuro, podía cobrarse los gastos de alimentación y manutención cuando el desamparado alcanzara la mayoría de edad. Le hizo notar asimismo que en las manos de aquel niño había una verdadera fortuna, le insistió en que bajo su sabia tutela habría de convertirse en el pintor más grande que haya dado Florencia y concluyó diciendo que, de esa forma, Dios le retribuiría su generosidad con riquezas en la Tierra y, por toda la eternidad, con un lugar en el Reino de los Cielos.

El padre Verani, ganado por una tristeza que se le anudaba en la garganta y un gesto de pena disimulado tras una sonrisa satisfecha, vio cómo la enorme figura del Maestro se alejaba seguida del paso corto, ligero y feliz del pequeño Pietro della Chiesa a salvo, por fin, de los designios del prior Severo Setimio. Al menos por un tiempo.

IV

Y ahora, viendo cómo los sepultureros terminaban de hacer su macabra tarea, Francesco Monterga evocaba el día en que aquel niño de ojos negros y bucles dorados había llegado a su vida. La primera vez que el pequeño Pietro entró en su nueva casa sintió una felicidad como nunca antes había experimentado. No le alcanzaban sus dos enormes ojos oscuros para mirar las maravillas que, aquí y allá, abarrotaban las estanterías del taller: pinceles de todas las formas y tamaños, espátulas de diversos grosores, morteros de madera y de bronce, carbones de tantas variedades como jamás había imaginado, esfuminos, goteros, paletas que, de tan abundantes, parecían haberse generado con la misma espontánea naturalidad con la que crecen las lechugas; sanguinas y lápices con mango de cristal, aceites de todas las tonalidades, frascos repletos de pigmentos de colores inéditos, tintas, y telas y tablas y marcos, e innumerables objetos y sustancias cuya utilidad ni siquiera sospechaba. Desde su escasa estatura, Pietro miraba fascinado los compases, las reglas y las escuadras; en puntas de pie se asomaba a los inmensos caballetes verticales, girando la cabeza hacia uno y otro lado miraba la cantidad de papeles y pergaminos, y hasta los viejos trapos con los que el maestro limpiaba los utensilios le parecieron verdaderos tesoros. Se detuvo, absorto, frente a una tabla inconclusa, un viejo retrato del duque de Volterra que Francesco Monterga se resistía a terminar desde hacía años. Observaba cada trazo, cada una de las pinceladas y la superposición de las distintas capas con la ansiedad impostergable del niño que era. Miró de soslayo a su nuevo tutor con una mezcla de timidez y admiración. Su corazón estaba inmensamente feliz. Todo aquello estaba ahora al alcance de su mano. Hubiera querido tomar una paleta y, en ese mismo instante, empezar a pintar. Pero todavía no sabía cuánto faltaba para que llegara ese momento.

Esa noche el maestro y su pequeño discípulo comieron en silencio. Por primera vez en muchos años Francesco Monterga compartía su mesa con alguien que no fuera su propia sombra. No se atrevían a mirarse; se diría que el viejo maestro no sabía de qué manera dirigirse a un niño. Pietro, por su parte, temía importunar a su nuevo tutor; comía intentando hacer el menor ruido posible y no dejaba de mover nerviosamente las piernas que colgaban desde la silla sin llegar a tocar el suelo. Hubiera querido agradecerle la generosidad de haberlo tomado bajo su cuidado pero, ante el cerrado silencio de su protector, no se animaba a pronunciar palabra. Hasta ese momento, Pietro nunca se había preguntado nada acerca de su orfandad; no conocía otro hogar que el *Ospedale* y no sabía, exactamente, qué era un padre. Y ahora que tenía una casa y, por así decirlo, una familia, una tristeza desconocida se instaló de pronto en su garganta. Cuando terminaron de comer, el pequeño se descolgó de la silla y recogió los platos, examinó la cocina, y con la vista buscó la cubeta donde lavarlos. Sin levantarse, Francesco Monterga señaló hacia un rincón. Sentado en su silla, y mientras el niño lavaba los platos, el maestro florentino miraba a su inesperado huésped con una mezcla de extrañeza y satisfacción. Cuando terminó con su tarea, Pietro se acercó a su tutor y le preguntó si se le ofrecía algo. Francesco Monterga sonrió con la mitad de la boca y negó con la cabeza. Como impulsado por una inercia incontrolable, el pequeño caminó hacia el taller y, otra vez, se detuvo a contemplar los tesoros que atiborraban los anaqueles. Respiró hondo, llenándose los pulmones con aquel aroma hecho de la mezcla de la almáciga, del pino y las nueces para preparar los aceites y resinas. Entonces su tristeza se disolvió en los efluvios de aquella mezcla de perfumes hasta desvanecerse. El maestro decidió que era hora de dormir, de modo que lo condujo hacia el pequeño altillo que habría de ser, en adelante, su cuarto.

—Mañana habrá tiempo para trabajar —le dijo y, tomando uno de los lápices de mango de cristal, se lo ofreció.

Pietro se durmió con el lápiz apretado entre sus manos deseando que la mañana siguiente llegara cuanto antes.

Cuando se despertó tuvo terror de abrir los ojos y descubrir que todo aquello no hubiera sido más que un grato sueño. Temía despegar los párpados y encontrarse con el repetido paisaje del techo descascarado del orfanato. Pero allí estaba, en su mano, el lápiz que le diera Francesco Monterga la noche anterior. Entonces sí, abrió los ojos y vio el cielo radiante al otro lado del pequeño ventanuco del altillo. Se incorporó de un salto, se vistió tan rápido como pudo y corrió escaleras abajo. En el taller, de pie frente al caballete, estaba su maestro preparando una tela. Sin mirarlo, Francesco Monterga le reprochó, amable pero severamente, que esas no eran horas para empezar el día. Tenía que acostumbrarse a levantarse antes del alba. El pequeño Pietro bajó la cabeza y antes de que pudiera intentar una disculpa el viejo maestro le dijo que tenían una larga jornada de trabajo por delante. Inmediatamente tomó un frasco repleto de pinceles y lo depositó en las manos de su nuevo discípulo. A Pietro se le iluminó la cara. Por fin iba a pintar como un verdadero artista, bajo la sabia tutela de un maestro. Cuando estaba por elegir uno de los pinceles, Francesco Monterga le señaló una tinaja llena de agua marrón y le ordenó:

—Quiero que queden bien limpios. Que no se vea ni un resto de pintura.

Antes de retomar su tarea, el pintor volvió a asomarse desde el vano de la puerta y agregó:

—Y que no pierdan ni un solo pelo.

El pequeño Pietro se ruborizó, avergonzado de sus propias y desatinadas ilusiones. Sin embargo, se hincó sobre el cubo y comenzó la tarea poniendo todo su empeño. Habían sonado dos veces las campanas de la iglesia cuando estaba terminando de limpiar el último pincel. Antes de que pusiera fin a su trabajo, Francesco Monterga se acercó a su aprendiz y le preguntó dónde estaba el lápiz que le había dado la noche anterior. Con las manos mojadas y las yemas de los dedos blancas y arrugadas, Pietro rebuscó en la talega de cuero que llevaba colgada a la cintura, extrajo el lápiz y lo exhibió vertical frente a sus ojos.

—Muy bien —sonrió el maestro—, es hora de empezar a usarlo.

Pietro no se atrevió a alegrarse; pero cuando vio que Francesco Monterga traía un papel y se lo ofrecía, su corazón latió con fuerza. Entonces el maestro señaló la inmensa estantería que alcanzaba las penumbrosas alturas del techo y le dijo que ordenara absolutamente todo cuanto se apiñaba en los infinitos anaqueles, que limpiara lo que estuviera sucio y que luego, con lápiz y papel, hiciera un inventario de todas las cosas. Y antes de volver hacia el caballete le dijo que le preguntara por el nombre de los objetos que desconociera. Sin que Pietro pudiera saberlo, aquél era el primer peldaño de la empinada escalera que constituía la formación de un pintor. Así lo había escrito quien fuera el maestro de Francesco Monterga, el gran Cosimo da Verona. En su *Tratado de Pintura*, indicaba:

Lo primero que debe conocer quien aspire a ser pintor son las herramientas con las que habrá de trabajar. Antes de hacer el primer boceto, antes de trazar la primera línea sobre un papel, una tabla o una tela, deberás familiarizarte con cada instrumento, como si fuera parte de tu cuerpo; el lápiz y el pincel habrán de responder a tu voluntad de la misma manera que lo hacen tus dedos. (...) Por otra parte, el orden es el mejor amigo del ocio. Si, ganado por la pereza, dejases los pinceles sucios, será mucho mayor el tiempo que debas invertir luego para despegar las costras secas del temple viejo. (...) El mejor y más caro de los pinceles de nada habrá de servirte si no está en condiciones, pues arruinaría tanto el temple como la tabla. (...) Tendrás que saber cuál es la herramienta más adecuada para tal o cual fin, antes de usar un carbón debes comprobar su dureza: una carbonilla demasiado dura podría arruinar el papel y una muy blanda no haría mella en una tabla; un pincel de pelo rígido arrastraría el material que no ha terminado de fraguar por completo y otro demasiado flexible no fijaría las capas gruesas de temple. Por eso, antes de iniciarte en el dibujo y la pintura, debes poder reconocer cada una de las herramientas.

Había caído la noche cuando Pietro, cabeceando sobre el papel y haciendo esfuerzos sobrehumanos para mantener los párpados separados, terminó de hacer la lista con cada uno de los objetos de la estantería. Francesco Monterga miró los altos anaqueles y descubrió que no tenía memoria de haberlos visto alguna vez tan ordenados. Los frascos, pinceles y herramientas estaban relucientes y dispuestos con un orden metódico y escrupuloso. Cuando el maestro volvió a bajar la vista vio al pequeño Pietro profundamente dormido sobre sus anotaciones. Francesco Monterga se felicitó por su nueva inversión. Si todo se ajustaba a las previsiones del abate, en algunos años habría de cosechar los frutos de la trabajosa enseñanza. Siempre siguiendo los pasos de su propio maestro, Cosimo da Verona, Francesco Monterga se ceñía a los preceptos según los cuales la enseñanza de un aprendiz se completaba en el decimotercer año. La educación del aspirante, en términos ideales, debía comenzar justamente a los cinco años.

Primero, de pequeño, se necesita un año para estudiar el dibujo elemental que ha de volcarse en el tablero. Luego, estando con un maestro en el taller, para ponerse al corriente en todas las ramas que pertenecen a nuestro arte, comenzando por moler colores, cocer las colas, amasar los yesos, hacerse práctico en la preparación de los tableros, realzarlos, pulirlos, dorar y hacer bien el graneado, serán necesarios seis años. Después, para estudiar el color, decorar con mordientes, hacer ropajes dorados e iniciarse en el trabajo en muro, son necesarios todavía seis años, dibujando siempre, no abandonando el dibujo ni en día de fiesta, ni en día de trabajo. (...) Hay muchos que afirman que sin haber tenido maestros, han aprendido el arte. No lo creas. Te pondré este libro como ejemplo: si lo estudiases día y noche sin ir a practicar con algún maestro, no llegarías nunca a nada; nada que pueda figurar bien entre los grandes pintores.

Durante los primeros tiempos, el pequeño Pietro se resignó a su nueva existencia que consistía en limpiar, ordenar y clasificar. Por momentos extrañaba su vida en el orfanato; sin dudas el alegre padre Verani era un grato recuerdo comparado con su nuevo tutor, un hombre hosco, severo y malhumorado. Pietro admitía para sí que ahora conocía una cantidad de pigmentos, aceites, temples y herramientas cuya existencia hasta hacía poco tiempo ignoraba por completo; reconocía que podía hablar de igual a igual con su maestro de distintos materiales, técnicas y de los más raros artefactos, pero también se preguntaba de qué habría de servirle su nueva erudición si todo aquello le estaba vedado para otra cosa que no fuera limpiarlo, ordenarlo o clasificarlo. Pero Francesco Monterga sabía que cuanto más postergara las ansias de su discípulo, con tanta más fuerza habría de desatarse su talento contenido cuando llegara el momento.

Y el gran día llegó cuando Pietro menos lo esperaba. Una mañana de tantas, el maestro llamó a su pequeño aprendiz. Delante de él había una pequeña tabla, tres lápices, cinco gubias bien afiladas y un frasco de tinta negra. Como homenaje a su maestro, Francesco Monterga encomendó a Pietro della Chiesa su primer ejercicio. En el coro de la capilla del hospital de San Egidio había un pequeño retablo, obra de Cosimo, conocido como *El triunfo de la luz*. El maestro florentino dio a su discípulo la tarea de copiar la obra y luego tallar la tabla con esas gubias resplandecientes. El grabado era la más completa y, por cierto, la más compleja disciplina; combinaba el dibujo, la talla y la pintura. Sin tener las tres dimensiones de la escultura, la figura debía imitar la misma profundidad; sin contar con la ventaja del color, debía ofrecer la impresión de las tonalidades con el único recurso de la tinta negra y el fondo blanco del papel. Los enormes ojos negros de Pietro no cabían en sus órbitas cuando escuchó al maestro hacerle el encargo. Una sonrisa involuntaria se instaló en sus labios y el corazón pugnaba por salir del pecho. Era, además, toda una muestra de confianza ya que el menor descuido en el uso de las filosas gubias podía significar un accidente horroroso. Sin duda, era un premio a la paciencia mucho mayor del que podía esperar.

En pocos días el trabajo estuvo terminado. Francesco Monterga estaba maravillado. El resultado fue sorprendente: el grabado no solamente hacía entera justicia del original, sino que se diría que, con el mínimo recurso de la tinta negra, dimanaba una profundidad y una sutileza aún superiores. Pero ni Pietro ni Francesco Monterga imaginaban que aquellas cuatro tallas iban a cambiar el curso de sus vidas.

V

Junto a la fosa rectangular que iba devorando con
cada nueva palada de tierra los restos corrompidos de
quien hasta hacía poco presentaba el aspecto de un efe-
bo, Francesco Monterga no podía evitar una caótica
sucesión de recuerdos. De la misma forma que la evo-
cación de un hijo remite a la rememoración del padre,
Francesco Monterga pensaba ahora en su propio maestro, Cosimo da Verona. De él había aprendido todo
cuanto sabía y de él había heredado, también, todo lo
que ignoraba. Y, en efecto, Francesco Monterga parecía mucho más obsesionado por todos aquellos miste-
rios que no había podido develar que por el puñado
de certezas del que era dueño. Pero lo que más lo atormentaba, lo que nunca había podido perdonarse, era
el vergonzoso hecho de haber permitido que su maestro muriera en prisión, a la que fue llevado por las deu-
das. Preso, viejo, ciego y en la más absoluta indigen-
cia, ningún discípulo, incluido él mismo, había tenido
la generosidad de pagar a sus acreedores y sacarlo de
la cárcel. Pero el viejo maestro Da Verona, lejos de convertirse en un misántropo corroído por el resentimiento conservó, hasta el día de su muerte, la misma filan-

tropía que siempre lo guió. Hasta había tenido la inmensa generosidad de dejar en manos del por entonces joven Francesco Monterga su más valioso tesoro: el antiguo manuscrito del monje Eraclius, el tratado *Diversarum artium Schedula*. Sin duda, aquel manuscrito del siglo IX excedía con creces el monto de su deuda; pero nunca iba a permitir que acabara en las miserables manos de un usurero. Antes que eso, prefería morir en su celda. Y así lo hizo. Según le había revelado Cosimo da Verona a Francesco Monterga el día en que le confió el tratado, aquel manuscrito contenía el secreto más buscado por los pintores de todos los tiempos, aquel arcano por el que cualquier artista hubiese dado su mano derecha o, más aún, lo más valioso para un pintor: el don de la vista. En ese manuscrito estaba el preciado *Secretus coloris in status purus*, el mítico secreto del color en estado puro. Sin embargo, cuando Francesco Monterga leyó con avidez el tratado y rebuscó una y otra vez en el último capítulo, *Coloribus et Artibus*, lejos de encontrarse como esperaba con la más preciosa de las revelaciones, se topó con una inesperada sorpresa. Pues en lugar de una explicación clara y sucinta de ese secreto no había otra cosa que un largo fragmento de *Los Libros del Orden* de san Agustín, en cuyas líneas se intercalaban series de números sin arreglo aparente a orden alguno. Durante más de quince años intentó Francesco Monterga descifrar el enigma sin conseguir dilucidar algún sentido. El maestro atesoraba el manuscrito bajo siete llaves. El único al que confió la existencia del tratado fue a Pietro della Chiesa.

Su discípulo había aprendido el oficio muy rápidamente. La temprana maestría que revelaba aquel remoto primer grabado era un pálido anticipo de su potencial. En doce años de estudio junto a su maestro, según todas las opiniones, había superado en talento a Taddeo Gaddi, el más reconocido alumno de Giotto, quien permaneció veinticuatro años bajo la tutoría del célebre pintor.

Pietro se había convertido con los años en un joven delgado, alegre y disciplinado. Tenía una mirada inteligente y una sonrisa afable y clara. Su pelo ensortijado y rubio contrastaba con aquellos ojos renegridos, profundos y llenos de preguntas. Hablaba con una voz suave y un decir sereno, y había heredado aquel leve amaneramiento de su maestro, despojado sin embargo de toda afectación. Conservaba los mismos rasgos que tenía de niño, ahora estilizados por la pubertad, y llevaba su inusual belleza con cierta timidez.

A su disposición natural para el dibujo se había sumado el estudio metódico de la geometría y las matemáticas, las proporciones áureas, la anatomía y la arquitectura. Podía afirmarse que era un verdadero florentino. El manejo impecable de las perspectivas y los escorzos revelaban una perfecta síntesis entre la sensibilidad nacida del corazón y el cálculo minucioso de las fórmulas aritméticas. Francesco Monterga no podía disimular un orgullo que le henchía el pecho ante los elogiosos comentarios de doctos y profanos acerca del talento de su discípulo. Pero como correspondía a su austera naturaleza despojada de toda arrogancia, Pietro conocía sus propias limitaciones; podía admitir que, no sin muchos esfuerzos, había logrado dominar las técnicas del dibujo y el manejo de las perspectivas. Sin embargo, a la hora de aplicar los colores su aplomo se desvanecía frente a la tela y su pulso seguro con el lápiz se volvía vacilante e indeciso bajo el peso del pincel. Y pese a que sus tablas no revelaban sus íntimas incertidumbres, el color constituía para él un misterio indescifrable. Si todas las virtudes del futuro pintor que podía exhibir Pietro eran obra de la paciente enseñanza de su maestro, con la misma justicia había que admitir también que las fisuras en su formación eran responsabilidad de Francesco Monterga. Y a decir verdad, quizá sin advertirlo, el maestro florentino había instalado en el espíritu de su discípulo sus mismas carencias y obsesiones.

Ya era un hombre viejo, pero Francesco Monterga no se resignaba a morir sin poder develar el secreto del color. Quizá su aprendiz, joven, inteligente y profundamente inquieto, pudiera ayudarlo a resolver el enigma. Juntos, encerrados en la biblioteca, pasaban noches enteras releyendo y estudiando, una y otra vez, cada uno de los dígitos que se mezclaban con el texto de san Agustín y que no parecían responder a una lógica inteligible.

En el momento de la tragedia, Pietro della Chiesa estaba a punto de completar su formación y convertirse, por fin, en pintor. Y sin duda, en uno de los más brillantes que hubiera dado Florencia. De modo que todos podían comprender el desconsuelo de Monterga, por momentos rayano con el patetismo. Se diría que el maestro florentino veía cómo se evaporaban ante sus ojos las esperanzas de vindicar sus propias frustraciones en la consagración de su hijo de oficio.

VI

Mientras asistía a la atroz ceremonia de los enterradores echando paladas de tierra húmeda sobre el lastimoso ataúd, Francesco Monterga mantenía la expresión abstraída de quien se concentra profundamente en sus pensamientos. El prior Severo Setimio, la cabeza gacha y las manos cruzadas sobre el pecho, con sus pequeños ojos de ave moviéndose de aquí para allá, escrutaba a cada uno de los deudos. Su vocación siempre había sido la de sospechar. Y eso era, exactamente, lo que estaba haciendo. Su presencia en los funerales de Pietro della Chiesa no tenía por propósito elevar plegarias por el alma del muerto ni rendirle el póstumo homenaje. Si durante los primeros años de Pietro el otrora inspector arzobispal se había convertido en su más temible pesadilla, ahora, dieciséis años después, parecía dispuesto a acosarlo aún hasta el más allá. Quiso el azar o la fatalidad que la comisión ducal constituida para investigar la oscura muerte del joven pintor, quedara presidida por el viejo inquisidor infantil, Severo Setimio. Más calvo y algo encorvado, todavía conservaba aquella misma mirada suspicaz. El prior no manifestaba pesar alguno; al contrario, su antiguo recelo hacia el preferido del abate Verani, parecía haberse ahondado con el paso del tiempo. Tal vez porque no había tenido la dicha de poder enviar al pequeño Pietro a la *casa dei morti*, a causa quizá de este viejo anhelo incumplido, por paradójico que pudiera resultar, todas sus sospechas parecían dirigirse a la propia víctima. Los primeros interrogatorios que hizo giraban en torno a una pregunta no pronunciada: ¿qué terrible acto había cometido el joven discípulo que pudiera ocasionar ese desenlace?

A la derecha del prior, con la vista perdida en un punto incierto situado por sobre las copas de los pinos, estaban los otros dos discípulos, Giovanni Dinunzio y Hubert van der Hans. Los ojos huidizos de Severo Setimio se habían posado ahora sobre este último, un joven longilíneo de pelo lacio y tan rubio que, envuelto en la claridad de la mañana, presentaba la apariencia de los albinos. De hecho, el prior no alcanzaba a determinar si su expresión lacrimógena y congestionada era producto de la aflicción por la muerte de su condiscípulo o si, molesto por el sol oblicuo que empezaba a darle de lleno en el rostro, no podía evitar la sucesión de muecas acompañadas de lágrimas y humores nasales.

El prior Severo Setimio, durante sus primeras indagaciones, supo que Hubert van der Hans había nacido en la ciudad de Maaselk, en Limburgo, cerca del límite oriental de los Países Bajos. Su padre, un próspero comerciante que exportaba sedas de Flandes a Florencia, había descubierto la temprana vocación del primogénito por la pintura. De modo que decidió presentar a su hijo a los más prestigiosos maestros flamencos, los hermanos Greg y Dirk van Mander. Siendo un niño de apenas diez años, Hubert llegó a convertirse en el más adelantado de los aprendices de los hermanos de Flandes. Su intuición para preparar colores, mezclar los componentes del temple, los pigmentos y barnices, e imitar con precisión las tonalidades de las pinturas antiguas, le auguraba un futuro venturoso al abrigo del mecenazgo de Juan de Baviera. Diez años permaneció Hubert en el taller de los hermanos Van Mander. Pero los vaivenes financieros del negocio de las sedas obligaron a que la familia Van der Hans se trasladara a Florencia: ahora resultaba mucho más rentable importar los paños vírgenes de Flandes, utilizar las nuevas técnicas florentinas de teñido y luego exportar de nuevo el producto final a los Países Bajos y otros reinos. Una vez instalados en Florencia, por recomendación del duque de Volterra, el padre de Hubert decidió que su hijo se incorporara como aprendiz al taller del maestro Francesco Monterga, para que no perdiera la continuidad de sus estudios.

Dirk van Mander se lamentaba amargamente ante quien quisiera oírlo, alegando que la deserción de Hubert significaba una verdadera afrenta; no solamente porque el pintor florentino lo despojaba de su discípulo dilecto, sino porque, además, aquel hecho constituía un nuevo paso en la guerra sorda que libraban desde antaño.

En efecto, entre el Maestro Monterga y el menor de los hermanos Van Mander había crecido una rivalidad que, de algún modo, sintetizaba la disputa por la supremacía de la pintura europea entre las dos grandes escuelas: la florentina y la flamenca. No eran los únicos. Otros muchos estaban enzarzados en una guerra cuyo botín lo constituían los mecenas, príncipes y duques, los discípulos y los maestros, los nobles retratados y los nuevos burgueses con vanidades patricias y ansias de posteridad, los muros de los palacios y los ábsides de las iglesias, los panteones de la corte borgoñona y los recintos papales. Y en esa guerra antigua, a la que Monterga y Van Mander se habían sumado tiempo atrás, los combatientes pergeñaban alianzas y estrategias, recetas del color y técnicas secretas, métodos de espionaje y sistemas de ocultamiento y encriptación de fórmulas. Se buscaban textos antiguos y se atesoraban manuscritos de sabios auténticos y alquimistas dudosos. Todo era un territorio en disputa que unos y otros pretendían dominar en un combate en el que luchaban armados con pinceles y espátulas, mazas y cinceles. Y quizá, también con otras armas. El prior Severo Setimio no ignoraba que tanto en Florencia como en Roma, en Francia y en Flandes, tuvieron lugar extraños acontecimientos: Masaccio murió muy joven, envenenado en 1428, bajo circunstancias nunca esclarecidas. Muchas suspicacias había en torno a la trágica muerte de Andrea del Castagno y, según algunas versiones razonablemente dudosas, su asesino fue Domenico Veneziano, discípulo de Fra Angelico. Otros rumores, más oscuros y menos documentados, que habían llegado a oídos del prior, hablaban de varios pintores muertos a causa de sospechosos envenenamientos atribuidos al descuido en el uso de ciertos pigmentos que, como el blanco de plomo, podían resultar mortíferos. Sin embargo, los escépticos tenían sus fundamentos para dudar.

En medio de esta silenciosa beligerancia que parecía no tener límites, el joven Hubert van der Hans se había convertido en una involuntaria prenda de guerra. Según había podido establecer en sus breves interrogatorios el prior Severo Setimio, las relaciones entre el discípulo flamenco y Pietro della Chiesa nunca habían sido demasiado amables. Desde el día en que el nuevo aprendiz cruzó la puerta del taller, el «primogénito», por así llamarlo, no pudo evitar un contradictorio sentimiento. Se diría que experimentó los celos naturales que sentiría un niño ante el nacimiento de un hermano; sin embargo, se encontraba ante la paradoja de que el nuevo «hermano» era dos años mayor que él. De modo que ni siquiera le quedaba el consuelo de la autoridad a la que tiene derecho el primogénito sobre el benjamín. De hecho, el «benjamín» excedía su modesta estatura en casi dos cabezas, y su voz gruesa y su aire mundano, su acento extranjero, sus vestiduras caras y un poco exóticas y su evidente superioridad en el manejo del color, habían dejado muy pronto a Pietro en inferioridad de condiciones a los ojos de Francesco Monterga. Sufría en silencio. Lo aterrorizaba la idea de perder lo poco que tenía: el amor de su maestro. De un día para el otro su vida se había convertido en un sordo calvario. Por otra parte, no podía evitar sentir que el enemigo había entrado en su propia casa. Pietro della Chiesa había crecido escuchando las maldiciones que Francesco Monterga lanzaba contra los flamencos. Cada vez que llegaba la noticia de que un florentino se había hecho retratar por un pintor del norte, el maestro bramaba de furia. Había calificado de traidor al cardenal Albergati, el enviado del papa Martín V, por haber posado en Brujas para Jan van Eyck. Repudiaba al matrimonio Arnolfini por haberse hecho retratar, también, por el miserable flamenco, y deseaba a su descendencia la más bochornosa bancarrota, mientras le dedicaba los insultos más iracundos.

Por esta razón, lejos de entender la nueva «adquisición» de Francesco Monterga como una pieza capturada al enemigo, Pietro della Chiesa no conseguía explicarse por qué peregrino motivo su maestro le revelaba los más preciados secretos de su arte a quien había sido protegido de su acérrimo rival. Lo cierto es que, además del malicioso placer de exhibir el trofeo arrebatado, Francesco Monterga recibía de manos del padre de Hubert una paga más que generosa.

Al maestro florentino no le alcanzaban las palabras para abominar de los flamencos. Se desgañitaba condenando a los nuevos ricos de los Países Bajos, cuyo mecenazgo había rebajado la pintura a sus misérrimos criterios estéticos. Señalaba la pobreza del uso de la perspectiva, sustentada en un solo punto de fuga. Deploraba la tosquedad en el empleo de los escorzos, que en su opinión apenas si quedaba disimulada por un detallismo tan trabajoso como inútil, y que reemplazaba la espiritualidad propia de la pintura por la ostentación doméstica que caracterizaba a la burguesía. Sin embargo, decía, los nuevos mecenas retratados no podían disimular su origen: debajo de los lujosos ornamentos, los fastuosos ropajes y oropeles, podía verse el calzado del hombre común que debía desplazarse a pie y no a caballo o en litera como lo hacía la nobleza. Así lo testimoniaba la pintura de Van Eyck: el marido del matrimonio Arnolfini, aunque se hiciera pintar rodeado de boatos, sedas y pieles, aparecía posando con unos rústicos zapatos de madera.

Sin embargo, detrás de la iracundia verbal de Francesco Monterga se ocultaba un resentimiento construido con la cal de la envidia y la argamasa de la inconfesable admiración. Cierto era que los nuevos mecenas eran burgueses con pretensiones aristocráticas; pero no era menos cierto que su noble benefactor, el duque de Volterra, apenas si le daba unos míseros ducados para preservar las apariencias. Su «generosidad» no alcanzaba para impedir que el viejo maestro Monterga se viera obligado a trabajar, casi como un albañil, en las remodelaciones del Palacio Medici. Cierto era, también, que Francesco Monterga poseía un oficio inigualable en el uso de las perspectivas, y que sus técnicas de escorzo obedecían a secretas fórmulas matemáticas guardadas celosamente en la biblioteca. Por conocerlas, incluso el más talentoso de los pintores flamencos hubiese dado todo lo que tenía. Pero también era cierto que el mejor de sus temples se veía opaco frente a la luminosidad de la más torpe de las tablas pintadas por Dirk van Mander. Las veladuras de sus colegas de los Países Bajos dimanaban un realismo tal, que se diría que los retratos estaban animados por el soplo vital de los mortales. Francesco Monterga no dejaba de preguntarse con qué secreto compuesto mezclaban los pigmentos para que sus pinturas tuvieran semejante brillo inalterable. Íntimamente se decía que estaba dispuesto a dar su mano derecha por conocer la fórmula. Pietro della Chiesa lo había escuchado musitando esa frase y no podía menos que sonreír amargamente cada vez que se la oía pronunciar: su maestro solía decirle con frecuencia que él era su mano derecha.

Fiel a su aprendizaje en Flandes, Hubert no tenía una noción demasiado sutil de las perspectivas y los escorzos. El aprendiz flamenco dibujaba sin orden a cálculo matemático alguno ni punto de fuga que pudiera inferirse en algún lugar de la tabla. Era dueño de un espíritu de fina observación, pero los resultados de su trabajo eran unos bocetos caóticos, plagados de líneas emborronadas con el canto del puño, cosa que enfurecía al maestro Monterga. Sin embargo, a la hora de aplicar el color, aquel esbozo enredado en sus propios trazos iba cobrando una gradual armonía que reposaba en la lógica de las tonalidades antes que en la de las formas. Al contrario que Pietro della Chiesa, a cuyas condiciones naturales para el dibujo se habían sumado el estudio sistemático y disciplinado de las ciencias y la lectura de los antiguos matemáticos griegos, Hubert van der Hans suplía su escaso talento para con el lápiz con su innata intuición del color y la indudable buena escuela de su maestro del norte. Algo que Pietro no podía más que envidiar.

Por su parte, Hubert van der Hans no mostraba la menor estima por su condiscípulo. Solía burlarse de su voz aflautada y su escasa estatura, y lo atormentaba llamándolo *la bambina*. Rojo de furia, con las venas del cuello a punto de estallar, al pequeño Pietro, considerando las dimensiones de su oponente, no le quedaba otra alternativa que esconderse a llorar.

El día anterior a la desaparición de Pietro della Chiesa, el maestro Francesco Monterga había sorprendido a sus dos discípulos discutiendo acaloradamente. Y pudo escuchar cómo Hubert, señalándolo con el índice, lo instaba a guardar cierto «secreto» o asumir las consecuencias. Cuando los interrogó, no consiguió sacarles una palabra y dio el asunto por concluido, en la convicción de que aquello no era más que una de las habituales peleas infantiles a las que ya estaba acostumbrado.

VII

Los inquietos ojos del prior, que se mantenía en un discreto segundo plano, estaban ahora disimuladamente fijos sobre el tercer discípulo de Francesco Monterga. Giovanni Dinunzio, había nacido en Borgo San Sepolcro, en las cercanías de Arezzo. Todo hacía prever que el pequeño Giovanni, al igual que su padre y que el padre de su padre, habría de ser talabartero, lo mismo que sus hermanos y que todos los Dinunzio de Arezzo durante generaciones. Sin embargo, el hijo menor del matrimonio, desde su más temprana infancia, había desarrollado una repulsión por los vahos del cuero que pronto habría de derivar en una rara dolencia. El contacto con las pieles curtidas le provocaba una variedad de reacciones que iban desde la aparición de eczemas y pruritos, que llegaban a presentar el aspecto de la sarna, hasta disneas y angustiosos ahogos que lo dejaban exhausto.

Sus primeros pasos en la pintura estuvieron guiados por los arbitrios de su frágil salud. Antonio Anghiari fue su médico antes que su maestro. Los conocimientos de anatomía del viejo pintor y escultor de Arezzo lo habían convertido, a falta de alguien mejor preparado, en el único médico del pueblo. A causa de sus frecuentes y prolongadas afecciones, el pequeño Giovanni pasaba la mayor parte del tiempo en casa del maestro Anghiari. El olor de las adormideras y el de los pigmentos de cinabrio, el perfume de las hojas maceradas y los aceites que reinaba en el taller de Antonio Anghiari parecía ejercer un efecto curativo inmediato sobre la delicada salud de Giovanni Dinunzio. De este modo, el tránsito de paciente a discípulo se produjo de un modo casi espontáneo. Giovanni Dinunzio estableció con la pintura una relación tan natural e imprescindible como la respiración, dicho esto en términos literales: había encontrado en el aceite de adormideras el antídoto para todos sus pesares. Sin que nadie pudiese percibirlo empezaba a germinar, en su cuerpo y en su ánimo, una incoercible necesidad de respirar las emanaciones del óleo que se extraía de la amapola. Seis años permaneció Giovanni Dinunzio junto a su maestro. Viendo éste que el talento de su discípulo superaba en potencial a sus pobres recursos, Antonio Anghiari convenció al viejo talabartero de que enviara a su hijo a estudiar a la vecina Siena. Cuando Giovanni llegó finalmente a la ciudad, las tonalidades ocre le hicieron comprender el sentido más esencial del color siena. Una felicidad como nunca había experimentado le confirmó la sentencia escrita en la puerta Camolilla: *Cor magis tibi Sena pandit*.[1] Sin embargo, la dicha habría de durarle poco. El maestro que le recomendara Antonio Anghiari, el célebre Sassetta, lo esperaba, horizontal, pálido y pétreo dentro de un cajón. Acababa de morir. Matteo di Giovanni, su alumno más destacado, se hizo cargo de la enseñanza del joven llegado de Arezzo. Pero

---

1. Siena te abre aún más el corazón.

apenas ocho meses pasó junto a él. Giovanni Dinunzio no pudo sustraerse a la tentación de la aventura florentina. Quiso el azar que diera, casi accidentalmente, con el maestro Monterga.

El joven provinciano le produjo a Francesco Monterga una suerte de fascinación inmediata. Sus ojos, tan azules como tímidos, su pelo negro y desordenado, la modesta candidez con la que le mostraba sus trabajos, casi avergonzado, consiguieron conmover al viejo maestro florentino. Después de considerar escrupulosamente sus dibujos y pinturas, Francesco Monterga llegó a la conclusión de que la tarea que tenía por delante era la de demoler primero para luego reconstruir. El breve paso de Giovanni Dinunzio por las tierras de Lorenzo de Monaco había sido suficiente para que adquiriera todos los vicios de la escuela sienesa: las figuras, forzadamente alargadas y pretenciosamente espirituales, los escenarios cargados y los floreos amanerados al estilo francés, los paños describiendo pliegues y curvas imposibles, el exceso pedagógico que revelaban las escenas, con una obviedad narrativa irritante, y los fondos ingenuos y decorativos, constituían para el maestro Monterga el decálogo de lo que no debía ser la pintura.

Su nuevo discípulo era una verdadera prueba. Giovanni Dinunzio era el exacto opuesto a Pietro della Chiesa. Éste era como la arcilla fresca, maleable y dócil; el recién llegado, en cambio, tenía la tosca materialidad de la piedra. No porque careciera de talento, al contrario; si mantenía la misma disposición para desembarazarse de todos los vicios que había sabido asimilar en tan poco tiempo, aún quedaban esperanzas. Para Pietro della Chiesa, contrariamente a lo que podía esperarse, la llegada del nuevo condiscípulo de Arezzo significó un verdadero alivio. La timidez y la modestia de Giovanni contrastaban con el altivo cinis-

50

mo de Hubert van der Hans. Giovanni Dinunzio aceptaba las observaciones críticas de Pietro della Chiesa y, aun siendo dos años mayor que él, accedía de buen grado a seguir sus indicaciones y sugerencias. Pietro della Chiesa y Giovanni Dinunzio llegaron a hacerse amigos en muy poco tiempo. Al más antiguo discípulo del maestro Monterga no parecía molestarle en absoluto la dedicada atención que le prestaba al nuevo alumno. El flamenco, por su parte, no podía evitar para con el recién llegado un trato rayano con el desprecio. Las costumbres provincianas, el atuendo despojado y el espíritu sencillo del hijo del talabartero, le provocaban poco menos que repulsión.

Una tarde de agosto, mientras Giovanni Dinunzio se cambiaba las ropas de trabajo, Pietro della Chiesa lo descubrió accidentalmente en el momento en que se estaba desnudando. Para su completo estupor, pudo ver que a su condiscípulo le colgaba entre las piernas un badajo de un tamaño que se le antojó semejante al de la campana de la catedral. Contemplaba aquella suerte de animal muerto, surcado por venas azules que se bifurcaban como ríos, y no podía comprender cómo sobrellevaba aquel fenómeno con semejante naturalidad. Desde aquel día, Pietro della Chiesa no podía evitar cierta lástima para con su propia persona cada vez que veía las exiguas dimensiones con que Dios lo había provisto o, más bien, desprovisto. Pero hubo todavía un segundo hallazgo que habría de espantarlo aún más.

Cierta noche, Pietro della Chiesa escuchó un ruido sospechoso que provenía de la biblioteca. Desconcertado, y temiendo que hubiesen entrado ladrones, decidió atisbar por el ojo de la cerradura. Entonces pudo ver cómo Francesco Monterga acababa de descubrir el oculto prodigio de su nuevo discípulo. Y, según pudo comprobar, tan asombrado estaba el maestro que, desconfiando del sentido de la vista, apelaba al del tacto y, por si este último también lo engañaba, recurría al del gusto. Tal era la angustiosa sorpresa del ahijado de Francesco Monterga, que perdió el equilibrio. Y lo hizo con tan poca fortuna que trastabilló y se desplomó contra la puerta, abriéndola de par en par. Los tres se miraron horrorizados. Mientras Giovanni Dinunzio corría avergonzado, el maestro se incorporó y, con un gesto desconocido, miró severamente a Pietro della Chiesa sin pronunciar palabra. Fue una clara sentencia: jamás había visto nada. Sucedió exactamente el día anterior a su desaparición.

Pero el prior Severo Setimio, por mucho que quisiera adivinar en el silencio de los deudos, nada podía saber de estos domésticos episodios acaecidos puertas adentro.

VIII

Conforme el sol se elevaba por sobre los montes de Calvana, la bruma roja empezaba a disiparse. La sombra oblicua de los pinos se desplazaba, imperceptible como el movimiento de la aguja de un reloj de sol, hacia el mediodía de la capilla ubicada en el centro del cementerio. La brisa de la mañana traía el remoto perfume de las vides de Chianti y de los olivares de Prato. El prior Severo Setimio, recluido bajo la capucha púrpura, consideraba a los deudos, reunidos en torno al sepulcro, mientras cruzaban miradas furtivas, bajando la vista si eventualmente se sorprendían observándose. Se diría que el cerrado silencio en el que se refugiaban no obedecía solamente a la congoja. Cada uno parecía guardar una sospecha impronunciable o un secreto recóndito cuyo depositario, por un camino o por otro era, siempre, el muerto. Pietro della Chiesa, fiel al callado mandato de su maestro, se llevaba a la tumba el horrendo descubrimiento del que nadie tenía que enterarse. En rigor, aquella postrera y accidental visión en la biblioteca no fue un descubrimiento sino una dolorosa confirmación.

Severo Setimio no ignoraba que, desde algún tiempo circulaban ciertos rumores sobre la relación de Francesco

Monterga con sus discípulos. Cada vez con mayor insistencia proliferaban historias dichas a media voz. Pietro della Chiesa jamás había prestado oídos a semejantes murmuraciones que, de hecho, lo involucraban. Sin embargo, tan poca era la importancia que le otorgaba al asunto que nunca se le hubiese ocurrido indagar en torno a las habladurías. De hecho, si no pudo sustraerse a mirar por el ojo de la cerradura, fue por una razón muy precisa: pocos días atrás había sorprendido a Hubert van der Hans revisando el archivo de Francesco Monterga e intentando forzar el pequeño cofre donde atesoraba el manuscrito del monje Eraclius, el tratado *Diversarum artium Schedula*. Bien sabía Pietro della Chiesa lo que significaba aquel libro para su maestro. En aquella ocasión Pietro entró intempestivamente en la biblioteca y le recordó a su condiscípulo que Francesco Monterga le tenía terminantemente prohibido el acceso al archivo. Antes de que el florentino subiera más aún el tono de voz, y temiendo que el maestro, advertido por el bullicio, pudiera irrumpir en el archivo, Hubert van der Hans empujó a Pietro fuera de la biblioteca y lo arrastró a lo largo del pasillo hasta el taller. Allí lo tomó por el cuello y, literalmente, lo levantó en vilo dejándolo con los pies colgando en el aire. Nariz contra nariz, sin dejar de llamarlo «bambina», señalando con la quijada un frasco que contenía limadura de óxido de hierro, le dijo que si tenía la peregrina idea de mencionarle el asunto a Francesco Monterga iba a encargarse personalmente de convertirlo en polvo para pigmento.

Fue en ese momento cuando entró el maestro y presenció el epílogo de la escena. Pidió explicaciones sin demasiada convicción, más molesto por el escándalo que por el motivo de la discusión y, ante el silencio conseguido, sin otorgarle apenas importancia al altercado, se dio media vuelta y volvió a sus ocupaciones.

Pietro della Chiesa estaba dispuesto a contarle todo a su tutor. Pero la idea de que Hubert van der Hans pudiera enterarse de la denuncia lo aterrorizaba. Se dijo que debía encontrar el momento oportuno. Porque desde ese día Pietro tuvo la firme convicción de que su condiscípulo era, en realidad, un espía enviado por los hermanos Van Mander. Pero la pregunta era: ¿Cómo se habían enterado de la existencia del manuscrito, que sólo él y su maestro conocían? Quizá Pietro della Chiesa nunca hubiese podido responder este interrogante. O, quizá, en su elucidación había encontrado el motivo de su muerte. Lo cierto es que, para Pietro, el recinto de la biblioteca se había convertido, en las últimas semanas, en el lugar de las pesadillas o, más bien, en su propia condena.

Por otro lado, fue en ese mismo lugar donde también Hubert había sido furtivo testigo de un extraño episodio. En el curso de los primeros interrogatorios, Severo Setimio tuvo conocimiento de un hecho que llamó su atención: algunas semanas atrás había llegado a Florencia una dama, la esposa de un comerciante portugués, con el propósito de hacerse retratar por el maestro. Por alguna razón, Francesco Monterga mantuvo su nuevo encargo en el más hermético secreto. Su cliente llegaba a la casa de forma subrepticia y, envuelta en un velo que le cubría la cara, con la cabeza gacha, pasaba rápidamente hacia la biblioteca. Cada vez que llamaban a la puerta, el maestro ordenaba a sus discípulos que se encerraran en una estancia vecina al taller, y sólo los autorizaba a salir después de que la enigmática visita se retirara. Muchas veces se había quejado Francesco Monterga de las excéntricas veleidades de los burgueses, pero esto parecía demasiado. Una tarde, corroído por la intriga, Hubert van der Hans se deslizó sigilosamente hasta la puerta del recinto privado donde trabajaba el maestro. La puerta estaba levemente entornada; y, a través del ínfimo intersticio, pudo ver a la mujer: la espalda, el medio perfil de su busto adolescente, y apenas uno de los pómulos de su rostro huidizo. Le bastó para inferir que se trataba de una persona muy joven, y con su ardor juvenil la imaginó inmensamente bella. Frente a la joven, de pie junto al caballete, estaba Francesco Monterga haciendo los primeros apuntes a carbón.

Las visitas se prolongaron a lo largo de una semana. Pero el último día la visitante, tan sigilosa hasta aquel momento, rompió imprevistamente el silencio. Los gritos de la portuguesa llegaban hasta el taller. Indignada, se quejaba ante el pintor dando voces y manifestando su disconformidad con el progreso del trabajo. Hubert no creía que hubiese nadie capaz de dirigirse de ese modo al maestro florentino. El escándalo terminó con un sonoro portazo. Desde luego, ninguno de sus discípulos se atrevió a comentar jamás este bochornoso episodio con Francesco Monterga. Este acontecimiento en apariencia intrascendente —no más que una afrenta olvidable—, habría de encadenarse con un hecho ulterior de consecuencias en aquel entonces insospechadas.

Cuando los sepultureros terminaron de apisonar la tierra, Francesco Monterga rompió en un llanto ahogado y tan íntimo que no hubiera admitido ni siquiera el intento de un consuelo. Tal vez por esa razón, el abate Tomasso Verani contuvo el impulso de acercarse a ofrecerle una palabra de alivio. Se limitó a mirar sucesivamente a cada uno de los deudos, como si quisiera penetrar en lo más recóndito de su espíritu y encontrar allí una respuesta a la pregunta que nadie parecía atreverse a formular: ¿quién mató a Pietro della Chiesa?

2

AZUL DE ULTRAMAR

I

A la misma hora en que acababan de enterrar a
Pietro della Chiesa en Florencia, en la extensa conca-
vidad hundida entre el mar del Norte y las Ardenas,
al otro extremo de Europa, el sol era apenas una conjetura tras un techo de nubes grises. Como si fuesen
ramas verticales en busca de un poco de luz, los altí-
simos cimborrios de las iglesias de Brujas se perdían
entre las nubes ocultando sus agujas. Era la hora en
la que debían sonar, a un mismo tiempo, las campanas de las tres torres que dominaban la ciudad: las de
Salvatorskathedraal, las de la iglesia de Nuestra Seño-
ra y las de la torre del Belfort. Sin embargo, el carillón
de los cuarenta y siete bronces estaba mudo. Sólo se
escuchó una sola y débil campanada, cuya reverbera-
ción se perdió con el viento. Hacía varios años que la
máquina del reloj se había detenido. Un silencio
sepulcral reinaba en la Ciudad Muerta. Brujas ya no
era el corazón palpitante de la Europa del norte que
brillaba bajo el resplandor del florecimiento de los
gremios. Ya no era la pérfida y altiva dama de Flandes
bajo el reinado de los Borgoña, sino un fantasma gris,
ruinoso y silente.

Desde que el cauce del río Zwin se convirtió de un día para el otro en un pantano, la ciudad se quedó huérfana de mar. La caudalosa corriente de agua que unía Brujas con el océano se había transformado en una ciénaga innavegable. Aquel puerto que otrora acogía en sus fondeaderos a los barcos venidos a través de todos los mares y ríos del mundo, ahora parecía el borde de una serie de muretes en torno a una ciénaga. Por otra parte, la absurda muerte de María de Borgoña, aplastada bajo la grupa de su caballo, había marcado el fin del reino de los duques borgoñones. Pero cuando al rigor de la fatalidad se sumó la necedad de los nuevos gobernantes, que habían aumentado los impuestos inicuamente, la paciencia de los ciudadanos acabó por colmarse, y el príncipe Maximiliano, viudo de María, terminó encerrado en la torre de Cranenburg a manos del pueblo.

Todos los reinos de Europa se sobrecogieron ante la noticia. Cuando el rey Federico III, padre de Maximiliano, envió sus fuerzas armadas, el príncipe fue liberado después de hacer la promesa de respetar los derechos de la poderosa burguesía. Pero la venganza de Maximiliano habría de ser descomunal, y significó una sentencia de muerte para la orgullosa ciudad de Brujas: el príncipe decidió trasladar a Gante la residencia imperial y ceder a Amberes las prerrogativas comerciales y financieras que detentaba Brujas. Desde esa fecha, y durante los cinco siglos siguientes, la ciudad habría de conocerse como *la ville morte*.

Aquella mañana, bajo ese sudario de nubes grises, Brujas se veía más triste que nunca. Sólo se oía el lamento del viento aullando contra la aguja de la cúpula que coronaba la torre de Cranenburg. El centro de la ciudad, en la plaza del *Markt*, el otrora bullicioso mercado, era ahora un exiguo páramo de piedra. Más allá, sobre el pequeño puente que cruzaba por sobre la calle del Asno Ciego, se levantaba el singular taller de los hermanos Van Mander. Era un diminuto cubo de cristal construido sobre el arco elevado, cuyas paredes laterales eran dos ventanales enfrentados entre sí. El acceso al taller era indescifrable, un camino laberíntico que se iniciaba en una puerta cercana a la esquina de la calle. Para llegar a los altos, después de cruzar la puerta, estrecha y de bajo dintel, había que atravesar un pasillo en penumbras, subir una escalera angosta y tortuosa, y decidirse al azar por una de las tres puertas que aparecían en la planta superior. De modo que los visitantes ocasionales preferían gritar desde la calle hacia los ventanales del puente.

Tal era el caso del mensajero que, después de varios fracasos, entrando y saliendo por cuanta puerta se le presentaba a uno y otro lado de la calle del Asno Ciego, decidió romper el silencio matinal, vociferando el nombre de Dirk van Mander. El maestro estaba preparando la imprimación de una tabla. Su hermano mayor, Greg, sentado junto al fuego del hogar, seleccionaba al tacto los materiales que luego habría de moler para elaborar los pigmentos. Cuando escucharon el grito del mensajero no se sobresaltaron; estaban acostumbrados a tal procedimiento. Dirk se incorporó, dejó la tabla, se asomó a la ventana y comprobó que no conocía al recién llegado. Un poco contra su voluntad, ya que el frío de afuera era tenaz y la casa se mantenía caliente, abrió una de las hojas de la ventana.

Un viento helado le punzó las mejillas. El mensajero le dijo que traía una carta a su nombre. Habida cuenta de la dificultad que suponía explicarle el camino a los altos, y de la pereza que le provocaba al maestro la idea de bajar a su encuentro, Dirk van Mander descolgó desde lo alto del pequeño puente una talega de cuero

sujeta por una soga que tenía preparada para tales circunstancias. Cuando tuvo la carta en sus manos, rompió el lacre y desplegó el breve rollo con displicencia.
Leyó la nota rápidamente y no pudo evitar un acceso
de euforia. Jamás imaginó que aquella grata noticia
habría de significar un vuelco tan enorme en su resig-
nada existencia.

II

Era verdaderamente notable la destreza del mayor de los hermanos Van Mander para el preparado de los colores. Sus manos iban y venían de frasco en frasco, separando el molido de los pigmentos, mezclándolos con las emulsiones y los disolventes con una precisión extraordinaria. Prescindía para tales manipulaciones de la ayuda de las balanzas, los goteros o los tubos marcados. Hubiera podido afirmarse que era capaz de trabajar con los ojos cerrados, y de hecho así era ya que Greg van Mander se había quedado ciego. Precisamente cuando se encontraba en el punto más elevado de su carrera había sufrido la tragedia. Esto último coincidió en el tiempo con otro hecho. Por aquel entonces Greg van Mander estaba trabajando bajo la protección de los duques de Borgoña. En 1441, Jan van Eyck, el más grande de los pintores de Flandes y, a decir de muchos, el que mejor conocía las claves del color, se llevó sus fórmulas secretas a su sepulcro en la iglesia de San Donaciano.

En ese momento el duque Felipe III le encomendó a Greg van Mander la difícil tarea de volver a descubrir las recetas con las que Van Eyck obtenía sus colores inigualables. Y, contra todo pronóstico, Greg van Mander no sólo consiguió igualar perfectamente las técnicas de su antecesor, sino que llegó a concebir un método que incluso las mejoraba.

A partir de sus hallazgos, comenzó a pintar *La Virgen del Manto Dorado*, la obra maestra con la que pretendía mostrar su descubrimiento a Felipe III. Quienes tuvieron el raro privilegio de ver las sucesivas fases del trabajo de Greg atestiguaron que, en efecto, nunca hasta entonces habían contemplado nada semejante. No tenían palabras para describir la viva calidez de las veladuras; la piel de la Virgen presentaba, por un lado, la exacta apariencia de la materia viviente y, por otro, la inasible sustancia de la santidad. Se hubiera dicho que los ojos estaban hechos del mismo color de los pigmentos que tiñen el iris, y que guardaban la luz de quien ha sido testigo de la milagrosa concepción. Otros hacían notar que incluso el manto dorado estaba libre del artificio plano que solía revelar el uso del polvo de oro mezclado con barnices o aplicado en la delgada capa de los panes. Sin embargo, cuando apenas faltaban los últimos retoques, y sin que nada pudiera anunciarlo, Greg van Mander perdió la vista por completo sin llegar a concluir su obra. Este hecho, y otros tan igualmente turbios y poco documentados como aquella tragedia, rodearon esa Virgen de Van Mander de un halo de oscurantismo y superstición. Y lo cierto fue que el propio pintor, furioso por haber sido víctima de un destino tan desdichado, decidió destruir su pintura antes de que pudiera verla Felipe III. El hermano menor, Dirk, que entonces era muy joven, casi un niño, fue testigo del iracundo desconsuelo de Greg, y llegó a ofrecérsele para concluir el trabajo. Pero Greg ni siquiera le permitió volver a ver la obra antes de arrojarla al fuego.

Dirk, que se había iniciado como miniaturista, heredó rápidamente el oficio de su hermano mayor. Greg le enseñó todos los secretos del trabajo; sin embargo, se abstuvo escrupulosamente de revelarle aquellos atinentes a la preparación de los colores, o, al menos, no más que los rudimentos y las nociones elementales. La decisión de legarle la herencia habría de fundamentarse en una cláusula inamovible: Dirk se dedicaría únicamente a la ejecución de obras, mientras que Greg se encargaría de preparar las imprimaciones, los temples, los barnices, y los aceites de adormideras y nueces con los que se disolvían los pigmentos. Y Dirk tuvo que jurar que nunca se inmiscuiría en la técnica que su hermano mayor se reservaría siempre para sí.

Con los años, los hermanos Van Mander llegaron a convertirse en los sucesores de los Van Eyck. Sus obras eran admiradas en la corte de los duques de Borgoña, y el reconocimiento de su obra acabó viajando más allá de los límites de las ciudades de Brujas y de Amberes, de Gante y de Hainaut, e incluso cruzó las fronteras y se difundió más allá de las Ardenas. Desde los lugares más remotos de Europa llegaban jóvenes que suplicaban ingresar a su taller como discípulos o aprendices.

Sus temples sobre tabla, sus óleos y frescos eran logradísimos y conseguían deslumbrar a monarcas y banqueros de toda Europa. Su fama iba creciendo con cada nueva obra terminada; cardenales, príncipes y comerciantes prósperos solicitaban sus servicios y confiaban en pasar a la posteridad retratados por ellos. Sin embargo, ninguna de las obras alcanzó jamás a ser ni siquiera una remota sombra de la *Virgen del manto dorado*. Ciego y silenciosamente indignado por su destino, Greg van Mander renunció a la técnica perfecta que había llegado a descubrir, y le hizo jurar a su hermano pequeño que jamás pretendería siquiera investigar ninguna técnica que tratara de superar la de sus antecesores, los Van Eyck.

En las postrimerías del imperio de los Borgoña, cuando Maximiliano decidió trasladar la residencia ducal a Gante, propuso a Greg y Dirk mudarse a la nueva y próspera capital. Pero el mayor de los hermanos no estaba dispuesto a abandonar Brujas; nunca habría de perdonarle al duque la sentencia de muerte que hiciera caer sobre su ciudad natal. Como por reacción transitiva, un resentimiento sordo iba poco a poco horadando el espíritu de Dirk; así como Greg alimentaba su rencor hacia Maximiliano cuando asistía a la progresiva ruina de Brujas, Dirk no podía dejar de maldecir el destino al que lo había condenado su hermano, mientras veía cómo su juventud se iba consumiendo en la negra melancolía de la Ciudad Muerta.

Así, aunque acabó convirtiéndose en uno de los pintores más renombrados de Europa, Dirk van Mander terminó albergando la desesperante sensación de estar trabajando con los brazos atados. Por una parte, pesaba sobre sus espaldas el juramento y la interdicción de conocer los ingredientes que componían las pinturas que utilizaba para realizar su obra; por otro, renegaba íntimamente de lo pobres que eran sus conocimientos en la técnica de la perspectiva y en la del escorzo. Quizá tales limitaciones escaparan a los ojos de los neófitos e incluso de muchos de sus colegas flamencos, pero no podía engañarse a sí mismo; cada vez que examinaba sus propias obras, acudía a su memoria el recuerdo de las que había llegado a contemplar durante un fugaz viaje a Florencia. Desde aquel ya lejano día se desvelaba pensando en las fórmulas matemáticas que regían la aplicación de la perspectiva en las pinturas de quien acabaría convirtiéndose en su más detestado rival, en el más acérrimo de sus enemigos, el maestro Francesco Monterga.

III

Sin abandonar su asiento junto al fuego, Greg van Mander interrogó a su hermano por las nuevas que había traído el mensajero. Entonces Dirk le leyó la carta:

A Vuestras Excelencias, los cancilleres Greg van Mander y Dirk van Mander:

Quiso la providencia que, en el largo derrotero que ha sido mi vida, la fortuna pusiera frente a mis ojos los ancestrales tesoros del Oriente. Vide, también, las maravillas de las Indias y los admirables monumentos de las tierras del Nilo y el Egeo. Pero nunca, como ahora, he caído de rodillas, rendido ante la contemplación de vuestras pinturas. Ojos nunca vieron arte tan excelso y prodigioso. Ha poco tiempo, el destino concediome la gracia de descubrir vuestra sublime Anunciación de la Virgen *en el Palacio del Duque da Gama en Porto. Debo confesaros que, desde aquel día, me vi convertido en vuestro más fiel devoto. Y, otra vez, como si me estuviese predestinado, la buenaventura me concedió el más grato de los regalos. Durante un reciente y fugaz paso por Gante, llegó a mis oídos la noticia de que en las afueras de la ciudad, el conde de Cambrai atesoraba una de vuestras preciosas tablas. Tanto supliqué por ver la pintura que, a instancias de un buen amigo allegado al conde, obtuve una invitación a su castillo.*

Una vez más, mi espíritu se vio conmovido ante la visión de tan magnánima obra: La familia. Nunca antes me fue dado ver tanta belleza; el vívido color de las veladuras parecía estar hecho del mismo hálito que anima a la materia. Ávido por ver toda vuestra obra, recorrí cada ciudad de vuestra patria. De Gante hasta Amberes, de Amberes hasta el Valle del Mosa y las Ardenas. Seguí las huellas de vuestras tablas por Hainaut, Bruselas, La Haya, Amsterdam y Rotterdam según me guiaran las noticias o la intuición. Y ahora que los arbitrios de los negocios, tan semejantes a los del viento, han de llevarme por fin a Brujas, me invade una emoción semejante a la que sentiría el peregrino al aproximarse a Tierra Santa.

Pero en el entusiasmo por manifestar mi devoción hacia Vuestras Excelencias, he olvidado presentarme. No poseo título de Hidalgo y ni siquiera de Caballero, no tengo cargo público ni diplomático. No soy más que un modesto armador de navíos. De seguro, Vuestras Altezas, nunca habéis escuchado hablar de mi ignota persona. Pero quizá, sí, hayáis visto fondeado en el puerto de Brujas, el mástil de alguno de mis barcos. Tengo mi astillero en Lisboa, que es como decir el mundo. En la pequeña ciudadela que se levanta junto a los muelles del Tajo, puedo ver los diamantes traídos de Mausilipatam, el jengibre y la pimienta de Malabar, las sedas de la China, el clavo de las Molucas, la canela de Ceylán, las perlas de Manar, los caballos de Persia y de Arabia y los marfiles del África. En las tabernas se escucha el grato bullicio de la mezcla del idioma de los flamencos y de los germanos, de los ingleses y de los galos. Mi espíritu lusitano, hecho de la misma madera que el casco de los barcos, no puede resistirse al llamado de la mar. Y ahora, presto a levar anclas, mi corazón se conmueve por partida doble.

Imagino que sospecháis cuál es el motivo de esta nota. Suplico a Vuestras Excelencias que aceptéis el pedido de vuestros servicios. Nada en este mundo me haría más feliz. No aspiro a entrar en la posteridad, pues nadie soy. Igual que la fugaz huella que abren los navíos en las aguas para luego desvanecerse, sólo espero la parsimonia del olvido para el día en que mi vida se apague. Soy un hombre viejo y ese día no ha de

estar muy lejos. Pero creo, sí, que la belleza debe perpetuarse
en la propia belleza. Os suplico, por fin, que retratéis a mi
esposa. Os pagaré lo que vosotros digáis.

Sin embargo, antes debo haceros una confesión. No qui-
siera que la noticia os llegue distorsionada y por boca de ter-
ceros. Movido por la ansiedad de ver inmortalizada la belleza
de mi esposa en una tabla, en nuestro paso por Florencia y a
instancias de cierto caballero cuyo nombre desearía olvidar,
me asistió la infeliz idea de contratar los servicios de cierto
maestro florentino cuya identidad el honor me impide men-
cionar. Y aunque ose llamarse maestro y se jacte de tener dis-
cípulos, incluso uno venido desde Flandes, no merecería deten-
tar tal grado. La ilusión fue tan rotunda como la desilusión.
Antes de que diera por concluida la obra, viendo la dudosa
evolución del retrato y ante la obligada comparación con el
recuerdo de vuestras pinturas, decidí rescindir el contrato.
Pagué sin embargo hasta la última moneda acordada, como
corresponde a un caballero. Si no acudí entonces a vuestros
oficios, no fue por otra razón que la del pudor. No me atrevía
a importunar a Vuestras Excelencias. Si fuera así arrojad ahora
mismo esta carta al fuego, aceptad mis disculpas y olvidad mi
existencia. En pocos días estaré en Brujas. Entonces enviaré
un mensajero para conocer vuestra respuesta.
A vuestros pies

Don Gilberto Guimaraes

Greg no pudo ser testigo del gesto victorioso de Dirk
cuando terminó de leer la carta. Sin embargo, lo adivinó. Sin duda, el pintor florentino que mencionaba el
armador portugués no podía ser otro que Francesco
Monterga. Su hermano menor paladeaba el íntimo y
dulce sabor de la venganza. Aquellas palabras del armador portugués tenían el valor de una vindicación.
Era el golpe más doloroso que podía asestarle a su enemigo. Greg van Mander, iluminado por el fuego del

hogar, continuó indiferente con su trabajo. Pero sabía que Dirk acababa de ganar la última batalla en aquella guerra sin sentido. Las palabras lapidarias que Gilberto Guimaraes le dedicaba a Francesco Monterga eran para el menor de los Van Mander el más valioso de los reconocimientos. Ahora, la esposa del comerciante portugués podría convertirse en el último botín de guerra capturado al enemigo. Greg podía imaginar que Dirk pensaba utilizar la ocasión para reponerse, con creces, de su última derrota: la deserción de Hubert van der Hans, el discípulo que le había pagado con la huida. Era como cambiar un peón por la reina.

IV

Una tarde, el estrépito de los cascos de los caballos y las ruedas de la galera golpeando contra el desigual y caprichoso empedrado, rompió brutalmente el silencio de la calmosa calle del Asno Ciego. Hacía mucho tiempo que por debajo del pequeño puente no pasaba más que algún esporádico viandante, un viajante perdido o la gibosa humanidad de Hesnut *El Loco*, salmodiando su soliloquio contumaz. Dirk van Mander, con un pincel aferrado entre los dientes y sosteniendo otros dos, uno en cada mano, se sobresaltó de forma tal que golpeó con la rodilla el canto de la banqueta, desparramando el contenido aceitoso de los frascos, así como las espátulas y los esfuminos. La última vez que había escuchado el galope de los caballos fue la remota y trágica mañana en la que las tropas enviadas por el emperador Federico III entraron a degüello para liberar al hijo del rey, el príncipe Maximiliano de Austria, de su cautiverio en la torre de Cranenburg.

Como impulsado por una catapulta, pisando el barro oleaginoso que acababa de provocar, Dirk corrió hasta la ventana, a tiempo para ver la galera deteniéndose poco antes de llegar al puente. El cochero amarró el freno y con una agilidad simiesca se descolgó desde el pescante hasta el estribo, miró hacia el puente sobre el cual se alzaba el taller e intentó deducir cuál sería la entrada. Entonces divisó la figura de Dirk tras el vidrio. Sin abandonar su expresión cuadrúmana, le hizo una seña con los brazos. Dirk abrió una de las hojas y entonces el cochero pronunció su nombre con tono de interrogación. El pintor, golpeado por una ráfaga de viento helado, creyó escuchar que el cochero anunciaba la llegada del matrimonio Guimaraes. Cuando Greg, que había comenzado a limpiar el desastre que acababa de provocar su hermano, oyó la nueva, no pudo menos que sorprenderse. Se suponía que el portugués les enviaría un mensajero para conocer su respuesta. Y, en rigor, todavía no habían terminado de discutir el asunto. Greg no se había mostrado demasiado entusiasmado con la proposición del naviero. Conocía muy bien cómo funcionaba la lógica mercantil de los nuevos ricos. Ya en el ocaso de su existencia, Greg van Mander no estaba dispuesto a tolerar los caprichos de un mercader extravagante. La carta, pese a los halagos desmedidos, era una suerte de confesión de parte que anticipaba un espíritu ciertamente tormentoso. El viejo pintor era ciego, pero no necio; por otra parte poseía la suficiente ecuanimidad como para darse cuenta de que su colega florentino era uno de los mejores retratistas de toda Europa. El modo en que Guimaraes se había referido, aunque sin mencionarlo, al maestro Monterga le resultaba, cuanto menos, ofensivo y cargado de un oscuro ánimo de intriga. Tenía bastantes motivos para suponer que iguales oficios había mantenido, en su momento, con Francesco Monterga y, de seguro, se había deshecho entonces en los mismos halagos que ahora les prodigaba a ellos. Nada impedía suponer que los mismos desdeñosos adjetivos que Gilberto Guimaraes le dedicaba arteramente al maestro Monterga, no habrían de recaer, también, sobre el respetado nombre de los hermanos flamencos.

Dirk, en cambio, obnubilado por el resplandor de la venganza inminente, no podía esperar la hora de ver consagrado su nombre por sobre la humillada persona de su rival florentino. Pero ahora, frente al hecho consumado que constituía el inesperado arribo del matrimonio, tenían que aunar un urgente veredicto.

Sin saber aún cuál habría de ser la respuesta, sin siquiera detenerse a consultar la opinión de su hermano mayor, Dirk van Mander bajó a recibir a los visitantes.

V

Cuando el cochero abrió la puerta de la galera y tendió su mano hacia el oscuro interior, Dirk van Mander pudo ver asomar los infinitos pliegues de una falda de terciopelo verde, debajo de la cual un pie enfundado en un chanclo de madera pugnaba por alcanzar la superficie del estribo. Entonces apareció una mano pálida y delgada, cuyo dedo anular exhibía dos pares de anillos, uno en la tercera falange y otro en la segunda, y se adelantó para apoyarse débilmente en la diestra del cochero. Inmediatamente surgió a la luz una cabeza, todavía gacha, con un tocado que remataban dos chapirones que le ocultaban el pelo. No sin muchas dificultades la mujer, finalmente, hizo pie en el empedrado y, suspirando un poco agitada, elevó la cara hacia el cielo para recuperar el aire que el agotador viaje le había arrebatado.

Dirk van Mander quedó perplejo. Era el rostro más hermoso que jamás hubiese visto. La piel, tersa y juvenil, traslucía el color de los olivos de las tierras lusitanas. Los ojos, tan negros que no podía diferenciarse la pupila del iris, contrastaban con el pelo rubio y ceniciento que apenas se dejaba ver por debajo del *hennin* que le cubría la cabeza. Dirk se acercó a la mujer, hizo una reverencia a sus pies y le dio la bienvenida. El sonriente silencio que ella guardó y su expresión un tanto desconcertada, le revelaron al pintor que la recién llegada no tenía motivos para entender el flamenco. Y entonces, justo cuando el pintor se disponía a ofrecer el saludo formal a Gilberto Guimaraes extendiendo la mano hacia el interior del carro, el cochero cerró la puerta bruscamente, poco menos que en las narices del anfitrión. Mirando a través de la pequeña ventana, Dirk van Mander comprobó, no sin asombro, que dentro del carruaje no se encontraba el armador sino otra mujer, una anciana de rictus descompuesto que dormitaba casi horizontal en el asiento. La mujer más joven, la que ya había descendido, leyendo en los ojos sorprendidos de Dirk van Mander, le dijo en un alemán pausado, vacilante y con una pronunciación inconfundiblemente portuguesa, que había tenido que viajar sólo con su dama de compañía porque su marido se había enfermado en altamar, y que las autoridades del puerto de Ostende le habían impedido bajar del barco. El recuerdo reciente de la devastadora peste negra que se había extendido desde Marruecos hacia las costas del Mediterráneo, propagándose a través de Gibraltar por todos los puertos del Atlántico, desde el Cantábrico hasta llegar al Mar del Norte, todavía producía terror. De modo que todos los viajeros llegados desde el sur que presentaran enfermedad evidente eran cautamente invitados a permanecer a bordo mientras el barco se hallara fondeado. Viendo la preocupada expresión de Dirk van Mander, la mujer se adelantó a explicarle que no había motivos para alarmarse, que no era más que una fiebre alta pero inocua, y se quejó amablemente del exceso de celo de las autoridades de Ostende. Cuando terminó su larga y agotadora explicación salpicada de ripios y palabras incomprensibles, la joven dama recordó que todavía no se había presentado. Con una sonrisa que le iluminó la cara, pronunció suavemente su nombre:

—Fátima.

Tenía la sencilla calidez de los ibéricos, y una espontánea simpatía, despojada de la formalidad de los sajones. Viendo el calamitoso estado de su dama de compañía —el viaje la había dejado realmente exhausta—, Fátima le ordenó al cochero que llevara a la anciana a Cranenburg, donde habrían de pasar la noche, y que luego volviera a recogerla. Cuando Dirk van Mander la invitó a entrar a su casa comprobó, observando su paso ligero y ondulante, que tenía la grácil simpleza de las campesinas, exenta de la afectación que a él tanto le molestaba en las pocas mujeres que todavía quedaban en Brujas.

En ese momento Dirk van Mander fue dolorosamente consciente, además, de que hacía mucho tiempo que no conocía a una mujer.

VI

Si —tal como supusieron en un principio— la inesperada llegada del matrimonio Guimaraes antes de que pudieran definir una respuesta, constituía una comprometida situación de hecho, la visita de Fátima a Brujas era ahora una cuestión de honor para los Van Mander. Más aún teniendo a su esposo enfermo en un barco anclado en Ostende. Mientras la mujer relataba con extrema dificultad expresiva las peripecias del viaje, Greg no podía disimular un agrio gesto de contrariedad. El mayor de los hermanos se había convertido en un hombre hosco. Estaba acostumbrado a la soledad de Brujas y si toleraba las visitas era sólo a fuerza de un resignado estoicismo. En rigor, lo que le provocaba un verdadero fastidio era la ruptura del orden con el que, paciente y sistemáticamente, había logrado construir su pequeño cosmos. Su casa se había convertido en su universo. A pesar de la ceguera, Greg podía desplazarse por toda ella sin ninguna dificultad; conocía cada rincón de su breve mundo con una calculada exactitud. Todo estaba dispuesto de tal forma que podía extender su brazo y tomar lo que quisiera sin posibilidad de equivocarse. Además de su condición natural para preparar las mezclas de los colores con una minuciosidad extrema, conocía el orden en que estaban dispuestos todos y cada uno de los frascos que guardaban los pigmentos, y podía descifrar el contenido al tacto según su consistencia; precipitaba los solventes, los aceites, los emolientes y los secantes sobre los distintos polvos en su proporción exacta y los reconocía sin vacilar solamente con el olfato.

Por otra parte, se encargaba de casi todas las tareas de la casa. Por la mañana removía los rescoldos de las brasas, seleccionaba la leña, encendía el fuego del hogar y el de la escalfeta de la cocina; preparaba el almuerzo y la cena. No había nada que escapara a su escrupuloso control. Hasta los eventuales desórdenes que provocaba su hermano estaban dentro de sus cálculos. Todo se movía de acuerdo con un orden semejante al que rige el movimiento de las estrellas. Por esa razón cualquier visita constituía un estorbo en su metódico universo. Era un nuevo volumen desplazándose dentro de su espacio, un cuerpo extraño e impredecible que podía llegar a causar un cataclismo. Además, Greg no toleraba la idea de que la mirada de un desconocido estuviera acechándolo desde las tinieblas. Pero, en sus fueros más recónditos, sabía que lo que realmente lo atormentaba no era otra cosa que el pudor. Odiaba la idea de que alguien pudiera conmiserarse de su condición. Casi no recordaba cuál era su propio aspecto. Podía saber qué apariencia tenía su barba; de hecho se la recortaba escrupulosamente todos los días. Podía imaginar el largo del pelo, que siempre conservaba a la altura de los hombros. Con el sensible tacto del pulpejo de los dedos, contabilizaba cada nueva arruga que, día tras día, iba apareciendo en su rostro. Pero no conseguía hacerse una imagen general de su persona. Apenas recordaba vagamente cómo era su aspecto el día en que había perdido la vista. Sentía una enorme vergüenza de exponerse a los ojos de un extraño. Y más aún si se trataba de una mujer. Hacía realmente mucho tiempo que no respiraba el grato perfume femenino.

Tal era la naturalidad con la que se movía Greg, que se diría que Fátima no se había percatado de que era ciego hasta que lo tuvo frente a sí, cuando el maestro le sirvió una bebida amarillenta, algo turbia y espumosa. Sólo entonces la joven alcanzó a ver el mórbido iris muerto tras los párpados. Poseía un color de una extraña belleza, un azul turquesa velado por una cortina acuosa y pálida. Sin embargo, no presentaba la sombría materialidad de los cuerpos que han perdido la vida, sino la cautivante apariencia de las piedras preciosas.

Si para Greg la inesperada presencia de Fátima representó una señal poco menos que funesta, para Dirk, en cambio, aquella visita fue una suerte de bendición. El menor de los Van Mander era un hombre todavía joven y jamás había podido acostumbrarse a la melancólica ciudad devastada por el olvido. Todavía tenía fresco el recuerdo de Brujas en la época de su infancia, cuando llegaban legiones de viajeros y comerciantes. En aquel entonces la ciudad bullía bajo los pies de los caminantes que iban de aquí para allá, perdiéndose entre las callejuelas, entrando y saliendo de las tabernas, chocándose en la plaza del *Markt*, congregándose a centenares para la procesión de la Santa Sangre, emborrachándose y cantando abrazados mientras cruzaban el puente del canal. Los barcos traían hombres, mujeres e intrigas. Cada nave que llegaba venía cargada de vientos de aventuras y levaba anclas dejando una tempestad de tragedias pasionales. Todos los días se veían caras nuevas, se oía hablar lenguas indescifrables y proliferaban los atavíos exóticos. Cada día se presentaba como una promesa. En cambio, ahora, la existencia no era sino un sopor repetido, opresivo y previsible. Y mientras veía a aquella mujer joven y sonriente, Dirk podía comprobar cómo su corazón latía con una resolución grata y a la vez perturbadora. Descubrió que se sentía profundamente feliz. Escuchaba maravillado la voz dulce y algo grave de Fátima, las graciosas vacilaciones y las frases ininteligibles en las que se enredaba intentando hacerse entender. Y todo lo concluía con una sonrisa sutil y una ocurrencia llena de gracia burlándose de sí misma. Tenía la frescura de las campesinas y a la vez la elegancia espiritual de quien ha recorrido el mundo. Dirk hacía esfuerzos denodados para fijar sus ojos en los de ella, pero una mezcla de timidez y turbación lo obligaba a bajar la mirada.

A medida que pasaban los minutos se acercaba el momento del veredicto. Dirk observaba de soslayo a su hermano y, viendo su gesto severo e imperturbable, empezaba a temer lo peor. Sabía que la última palabra la tenía Greg. No existía posibilidad material de que fuera de otro modo. Fátima se bebió el último sorbo de aquella bebida ambarina y algo amarga, y, ante la evidente extrañeza de la mujer, Dirk le explicó que se hacía combinando lúpulo con cebada.

Sin abandonar la sonrisa pero con un dejo de gravedad, Fátima les hizo saber a sus anfitriones que se sentía profundamente avergonzada por haber llegado de forma imprevista, pero les explicó que el giro inesperado de los acontecimientos al enfermarse su esposo, había precipitado las cosas. Les dijo que no habría de ofenderse en absoluto si declinaban la propuesta de su marido, y añadió que el solo hecho de haber tenido el privilegio de conocer a los mayores pintores de Flandes había justificado el viaje, aunque tuviera que regresar a Ostende al día siguiente. Suplicó que no se vieran en la obligación de responder en ese mismo momento, les dijo que ella habría de pasar la noche en Cranenburg, que lo consideraran serenamente durante la velada, y que por la mañana ella volvería para conocer la decisión. Greg asintió en silencio prestando acuerdo a la última moción de la mujer. Entonces Fátima se puso de pie y Dirk pudo ver la grácil figura recortada contra el ventanal a través del cual entraban las últimas luces del día. El menor de los Van Mander acompañó a la visitante hasta la calle, donde la esperaba el cochero dormitando en el pescante. Dirk saludó por última vez a Fátima, le extendió la diestra para ayudarla a subir y creyó sentir en la palma tibia de la mujer un levísimo temblor que revelaba, quizá, una inquietud idéntica a la suya.

De pie sobre el empedrado, el pintor vio cómo el carruaje se perdía en la penumbra, más allá de la calle del Asno Ciego. Acababa de anochecer; y sin embargo, Dirk van Mander ya anhelaba que llegara el nuevo día.

3

AMARILLO DE NÁPOLES

I

Era noche cerrada en Florencia. Una luna gigantesca, redonda y amarillenta flotaba temblorosa en las aguas del Arno. El aire quieto y cargado de humedad creaba pequeños círculos iridiscentes alrededor de los hachones encendidos. El empedrado de las calles cercanas al río brillaba como si acabara de llover. Los pocos transeúntes caminaban cerca de la pared con paso lento y cauteloso por temor a resbalarse. El silencio aletargado de la ciudad era un albur incierto, una suerte de acechanza que nadie podía precisar. En rigor, cualquier cosa podía ser una señal de la presencia inminente de la emboscada del enemigo; si el río crecía súbitamente o, si al contrario, bajaba hasta convertirse en un reptil escuálido, si había luna llena en cielo despejado o luna nueva tras los nubarrones, si no llovía durante semanas o se divisaba una tormenta en ciernes, si el aire estaba quieto o soplaba un viento furioso, si las vides crecían impetuosas o estaban mustias y otoñadas, si los perros aullaban inquietos o se recostaban de espaldas, si las aves volaban en bandadas o un pájaro solitario surcaba el cielo, si el agua se arremolinaba en el sentido de las agujas del reloj o en el contrario, todo podía indicar un peligro en curso o el desenlace inminente de una tragedia. En consecuencia, todo estaba trazado de acuerdo a las reglas para la defensa ante el ataque sorpresivo del enemigo. Las ciudades estaban construidas bajo las normas de la suspicacia. Había murallas inconmensurables alrededor de los poblados; torres y atalayas competían en altura para divisar la lejana presencia de los potenciales invasores; puentes levadizos, fosos infestados de alimañas, falsos portones, vergeles que escondían catapultas, callejuelas tortuosas para encerrar al intruso. Y, de puertas adentro, la lógica era la misma: los castillos estaban sembrados de emboscadas, de máquinas que escondían complejos mecanismos de relojería, habitaciones separadas del exterior por ventanas tan estrechas como el ojo de una aguja y del interior por puertas dobles reforzadas con rejas, cerrojos ocultos y candados que tenían que ser desplazados por mulas, pasadizos secretos y túneles subterráneos. El botín podía ser el ducado, el reino, la pequeña villa o la ciudad. Pero también los tesoros ocultos tras los muros. O las mujeres. Damas de compañía, centinelas, votos de virginidad o, llegado el caso, el más expeditivo cinturón de castidad, cualquier cosa era buena para preservar a la esposa o a la hija. Las bibliotecas eran fortificaciones interiores, los libros verdaderos permanecían ocultos tras los lomos de los falsos, que no podían ser abiertos sino después de franquear un pequeño candado que aseguraba las tapas. Y el enemigo podía ser cualquiera: el pueblo vecino o el que venía desde el otro lado del mar, el hermano del príncipe o el hijo del rey, el consejero del duque o el ministro, el cardenal que hablaba al oído del Papa o el propio Sumo Pontífice, el leal discípulo o el abnegado maestro, todos podían ser objeto de la conspiración o ejecutores de la traición.

Y ése era, exactamente, el aire que se respiraba en el taller del maestro Monterga desde la muerte de Pietro della Chiesa.

II

Nada fue igual desde el día en que encontraron el joven cuerpo mutilado de Pietro della Chiesa en aquel cobertizo de leña abandonado en las cercanías del *Castello Corsini*. Francesco Monterga y sus dos discípulos, Hubert van der Hans y Giovanni Dinunzio, se habían convertido en tres almas en pena. Durante los últimos días el maestro se veía intranquilo; si llamaban a la puerta, no podía evitar alarmarse, como si temiera una noticia fatídica. Ante cualquier ruido imprevisto se sobresaltaba dando un respingo, como lo hiciera un gato. Las inesperadas y fastidiosas visitas del prior Severo Setimio lo alteraban al punto de no poder disimular su incomodidad. Una y otra vez le había relatado al antiguo inspector arzobispal las circunstancias de la desaparición de Pietro. Con estoica paciencia, aunque sin ocultar cierta pendiente inquietud, permitía que los hombres de la guardia ducal revisaran su casa. Los interrogatorios y requisas solían extenderse durante horas y, cuando finalmente se retiraban, Francesco Monterga caía exhausto.

Con una frecuencia irritante, el maestro caminaba hasta la biblioteca, comprobaba que todo estuviese en su lugar y volvía a salir, no sin antes verificar que la puerta quedara bien cerrada. Cuando se proponía concentrarse en una tarea, inmediatamente se extraviaba en un abstraído letargo; y así, con una expresión congelada, la mirada fija en un punto incierto, perdido en sus propias y secretas cavilaciones, podía quedarse durante horas enteras, sosteniendo inútilmente un pincel entre los dedos. Si casualmente se cruzaba con Giovanni Dinunzio en la angosta escalera que comunicaba la calle con el taller, ambos bajaban la vista con una suerte de vergüenza culposa, cediéndose el paso mutuamente hasta el ridículo, para evitar el más mínimo roce. Apenas si se atrevían a dirigirse la palabra. Por las noches, Francesco Monterga se encerraba en la biblioteca y no salía hasta el alba. Tenía los ojos irritados y unas gruesas bolsas repletas de sueño atrasado le habían brotado bajo los párpados.

Hubert van der Hans, por su parte, se mostraba completamente ajeno a los acontecimientos. Sin embargo, una exageración casi teatral en su indiferencia revelaba, ciertamente, una profunda preocupación que él disfrazaba de desidia. Desde el alba hasta el anochecer trabajaba sin pausa; mientras esperaba que secara el temple de una tabla, preparaba la destilación de los pigmentos de zinc y, durante el tiempo que demandaba la cocción que separaba las impurezas bajo el fuego del caldero, iniciaba el boceto a carbón de una nueva tabla. Cuando secaba el temple, volvía para aplicar la segunda capa y, una vez hecho esto, corría a sacar el preparado del fuego antes de que el líquido acabara pegado al fondo de la marmita. Con su figura, que de tan pálida se diría transparente, daba unos trancos largos y desgarbados, semejantes a los de un ave zancuda, yendo de aquí para allá, siempre enajenado en sus múltiples faenas. Sin embargo, semejante desenfreno también parecía querer disimular otro hecho: tantas veces como Francesco Monterga iba y venía a la biblioteca para comprobar que la puerta estuviese cerrada, el discípulo flamenco esperaba a que el maestro se alejara y, cuando nadie lo veía, se deslizaba subrepticiamente por el estrecho corredor y movía el picaporte una y otra vez con la evidente esperanza de que la puerta hubiera quedado abierta. Si percibía algún ruido, volvía con su paso luengo y, como si nada hubiese ocurrido, retomaba sus frenéticas tareas.

En el ángulo más oscuro del taller, junto a una decena de tablas inconclusas y pinturas fallidas que esperaban ser repintadas, podía verse, en primer lugar, el retrato sin terminar de una joven dama. Por alguna extraña razón nadie atinaba a volver a pintar sobre la superficie de aquella tabla abandonada. No era más que un boceto dibujado a carbón y coloreado con unas pocas capas aún tentativas.

A pesar de que ni siquiera se distinguían demasiado los rasgos, era una pintura de una inquietante belleza. Fátima aparecía de pie en el centro de un cuarto cuyas proporciones eran, evidentemente, las del taller. Sin embargo, ni el mobiliario ni los objetos que decoraban la escena se correspondían con el lugar de trabajo de Francesco Monterga. El boceto había sido hecho, en efecto, en el taller del maestro, pero, a pedido de Gilberto Guimaraes, el recinto debía parecer el dormitorio del matrimonio. El punto de vista del observador no estaba situado en el centro, sino levemente desplazado hacia la izquierda de la tabla. Sobre la pared del fondo se destacaba el marco de un espejo oval que, a pesar de la precariedad del boceto, reflejaba una figura borrosa que bien podía ser la de Gilberto Guimaraes. La luz provenía de una ventana emplazada en la pared de la derecha, cuyas hojas aparecían entornadas. En el alféizar había unas diminutas flores amarillas. Debajo del espejo se veía un escabel sobre el cual, como al descuido, había quedado una cesta repleta de frutas. Contra la pared de la izquierda se veía parte de la cama, cuyo capitel se alzaba hasta las alturas del techo y del cual pendía una cortina de color purpúreo. Fátima llevaba puesto un vestido de terciopelo verde cuya larga falda se desplegaba sobre un piso de largueros de roble formando cuadros, idéntico al del taller. En las manos sostenía lo que parecía ser un rosario. El peinado de Fátima estaba rematado en un solo chapirón cónico, truncado en el extremo y cubierto por un tul transparente que le caía hasta los hombros, erguidos y vigorosos. El escote del vestido se consumaba en una orla de piel, al igual que las mangas. El busto quedaba ceñido por un lazo que, paradójicamente, lo realzaba a la vez que lo comprimía. El boceto parecía ejercer en todos una suerte de extrañeza difícil de explicar. Hubert recordaba su fugaz visión de Fátima a través de la puerta entornada mientras Francesco Monterga la retrataba. Le sorprendía la generosidad con la que el maestro había representado su busto, siendo en realidad mucho más austero de lo que se veía en la pintura.

Giovanni Dinunzio guardaba una silenciosa admiración por la pintura. Cada vez que veía cómo el maestro Monterga contemplaba el boceto condenado a muerte antes de nacer, creía adivinar en los ojos del viejo pintor una mezcla de desconsuelo e incredulidad; parecía no poder comprender por qué arbitraria razón la portuguesa había desdeñado el retrato antes de que pudiera, siquiera, empezarlo. Acaso la mujer, en su ignorancia supina, imaginaba que la apariencia final de una pintura quedaba plasmada en la ejecución de la primera aguada. Por mucho que intentó convencerla de que aquello no era más que un bosquejo, no tuvo forma de disuadirla. Apenas unos pocos días había posado Fátima para el maestro. Era como pensar que el esqueleto de un barco constituía el aspecto final de un galeón el día en que es botado al mar. Pero la paciencia de Francesco Monterga para con la esposa del armador lusitano, acabó por colmarse cuando ella pronunció el nombre de los Van Mander como ejemplo de expeditiva belleza. Su discípulo flamenco escuchó los gritos del maestro mientras discutía con su cliente y la reacción indignada de la mujer que concluyó con un estruendoso portazo. Había conseguido hundir su delicado e inocente índice en la llaga abierta de su obsesión.

Para el maestro Monterga fue la humillación más grande que pudiera recibir de su enemigo, Dirk van Mander.

III

El humillante episodio del matrimonio Guimaraes no era solamente uno de los mayores agravios que hubiera recibido Francesco Monterga, sino que encerraba la verdadera médula de la antigua disputa que mantenía con su enemigo flamenco: la secreta fórmula del mítico preparado de sus óleos. Pese a que Greg van Mander había renunciado al *Oleum Pretiosum*, las pinturas al óleo que preparaba eran muy superiores a las que utilizaban los florentinos. Se destacaban por el particular brillo y la perfecta textura, absolutamente uniforme y exenta de barnices transparentes aplicados sobre la última capa. Pero lo más sorprendente era la rapidez del secado, siendo que no trabajaban al temple de huevo, sino al aceite. Francesco Monterga pintaba al temple o al aceite de adormideras, según lo requirieran las circunstancias. Pero la aplicación de una u otra técnica estaba siempre sujeta a una disyuntiva inapelable: el temple permitía un secado rápido entre una capa y otra, aunque jamás, ni aun aplicando barnices incoloros al final, podían alcanzar el brillo y la calidez de las veladuras trabajadas al aceite. Los pigmentos ligados al óleo, en cambio, permitían una maleabilidad ilimitada y, sobre todo, una resistencia inalterable frente a la luz, la humedad, el calor y el paso del tiempo; sin embargo, el secado entre capa y capa tardaba días y, en algunos casos, meses enteros hasta terminar de evaporar los humores oleaginosos. Nadie podía saber cómo los hermanos Van Mander habían conseguido resolver este dilema en apariencia irrevocable. En Flandes todos los secretos parecían quedar entre hermanos y extinguirse con la muerte de ellos. Entre los profanos existía la creencia de que los hermanos Van Eyck habían inventado el óleo. Pero eran pocos los pintores que ignoraban que el uso de los aceites era casi tan antiguo como la pintura misma. Sólo que, por alguna extraña razón, eran muy pocos los que consiguieron componer las distintas fórmulas que aparecían, de forma más o menos críptica, en los viejos tratados, y que lograban la perfección del color así como la rapidez del secado con fórmulas ignotas. Francesco Monterga sabía que se habían empleado aceites de lino y de espliego en las antiquísimas pinturas que decoraban los tesoros de los pueblos del Nilo. Plinio había afirmado en el capítulo XIV de su *Historia Universal* que «todas las resinas son solubles en aceites», previniendo que no era el caso del obtenido de la oliva. Aecio, en el siglo VI, escribió que el de nueces era un buen aceite secante, apto para fabricar barnices que protegieran los dorados y la pintura de encausto. En el manuscrito de Lucca del siglo VIII se hacía mención, también, a las lacas transparentes obtenidas del aceite de linaza y las resinas. En el *Manual del Monte Athos* se describía la misma técnica, aplicando el *peseri* o extracto de lino hervido y mezclado con resinas, hasta convertirse en barniz. Se recomendaba para el uso en veladuras, combinada con temples o ceras para los atuendos, los fondos y los accesorios. El misterio de las vírgenes negras halladas en Oriente encontraba su explicación, justamente, en el uso de los aceites; innumerables exégesis se habían tejido en torno al descubrimiento de las efigies. Clérigos, teólogos, eruditos y místicos habían expuesto las hipótesis más esotéricas. Sin embargo, el misterio tenía su explicación en un problema mucho más terrenal, al cual solían confrontarse todos los pintores: la oxidación del aglutinante de los pigmentos. Las vírgenes negras eran imágenes bizantinas cuyas carnes habían sido pintadas al óleo, mientras que para la superficie de los ropajes se aplicaron otros procedimientos. De modo que el rostro y las manos se habían ennegrecido a causa del contacto con la luz y el aire, mientras que las partes pintadas al temple conservaban su color original. Éste fue uno de los motivos que habían desanimado a los antiguos pintores a emplear la técnica del óleo, en lugar de intentar perfeccionarla. En el tratado de Teófilo, el *Diversarum Artium Schedula*, el monje alemán expuso con la mayor sencillez el uso de los aceites para diluir los colores molidos, en especial el de linaza, y afirmaba que este procedimiento era aplicable a casi todos los pigmentos. Estaba especialmente indicado en la pintura sobre tabla, «puesto que la pintura debe ponerse a secar al sol», *in opere ligueo… tantum in rebus quae sole siccari possunt*, escribió. En el *Tratatto* de Cennino Cennini también aparecía una mención clara del uso de distintos aceites como vehículo de los pigmentos y daba la fórmula empleada por Giotto: «El aceite de lino debe mezclarse al sol con el barniz líquido en la proporción de una onza de barniz por una libra de aceite, y en este medio se deben pulverizar todos los colores. Cuando quieras pintar un ropaje con las tres gradaciones, divide los tonos y colócalos cada uno en su posición con tu pincel de pelo de ardilla fundiendo un color con otro, de modo que los pigmentos queden espesos. Después de varios días mira cómo han quedado los colores y retoca lo que sea necesario. De esta manera pinta las carnaciones o lo que quieras y las montañas, árboles y todo lo demás». En otro capítulo, Cennino indicaba que sobre determinadas partes de una pintura hecha al temple de huevo se aplique óleo, aunque prevenía que éste último demoraba mucho en secar. La combinación de óleo y temple era, justamente, un recurso al que muchas veces había apelado Francesco Monterga para que, de esta manera, fuesen menores las superficies de óleo, acelerando el secado.

Así y todo, aún existía otro problema: los colores diluidos en aceite resultaban demasiado espesos. Y los escritos no eran muy específicos a este respecto; en *De re aedificatoria*, Alberti alude al problema pero no menciona la solución: «Para que el óleo resulte menos espeso puede refinárselo; no sé cómo, pero puesto en una vasija se clarifica por sí mismo. No obstante, sé que existe una manera más rápida de manejarlo».

Otro texto contemporáneo del anterior, el *Manuscrito de Estrasburgo*, establece un procedimiento casi idéntico a aquel del que dejaba constancia el gran Cennino: «Se deberá hervir aceite de linaza o de nueces, mezclándolos luego con determinados secantes como la *caparrosa blanca*. La mezcla obtenida, blanqueada al sol, adquiere una sustancia no muy espesa y se hace tan diáfana como el aire. Quienes han podido verlo, afirman que es de una transparencia más pura que la del diamante. Este aceite posee la particularidad de secar rápidamente y tornar todos los colores hermosamente claros y brillantes. Pocos pintores lo conocen, y aun conociéndolo, pocos han podido prepararlo; por su excelencia se lo denomina *Oleum Pretiosum*. Con él pueden molerse y templarse todos los colores. Sin embargo, aunque no es venenoso, antiguos manuscritos señalan su peligrosidad, pero ninguno dice en qué reside esta precaución». Esta última fórmula era la que le quitaba el sueño a Francesco Monterga, ya que reunía las propiedades hasta entonces irreconciliables: brillo y versatilidad, inalterabilidad al paso del tiempo y secado rápido. Sin embargo, la práctica se resistía a la fórmula. En innumerables ocasiones Francesco Monterga siguió paso por paso el procedimiento indicado, pero siempre el resultado era el mismo: al exponer la tabla al sol, el calor torcía la madera hasta el punto de quebrarla. Había experimentado con todos los aceites secantes que se mencionaban en los antiguos manuscritos; disolvió los pigmentos en aceite de linaza, de adormideras, de nueces, de clavel, de espliego y hasta en aquellos francamente contraindicados como el de oliva. Los resultados eran siempre más bien desalentadores; cuando los pigmentos no alteraban su color virando hacia tonalidades inclasificables, la mezcla resultaba tan espesa que apenas si podía despegarse del fondo del caldero; si en cambio su consistencia era sutil y se dejaba esparcir suavemente por la tabla, el secado podía demorar hasta medio año. Las veces que consiguió aunar una mezcla en la que los colores no variaran, al mismo tiempo que su consistencia fuera delicada y fraguara en un tiempo razonable, los desenlaces fueron siempre iguales: a los pocos días la pintura empezaba a cuartearse hasta deshacerse por completo. Estos experimentos le demandaban un precioso tiempo material e intelectual. Derrotado, volvía a la preparación de los viejos temples y, mientras partía los huevos desligando las claras de la yemas, no podía evitar sentirse un triste cocinero. Rodeado de cáscaras, espantando las moscas que sobrevolaban la mezcla, se preguntaba una y otra vez cuál era la fórmula de los Van Mander. Por otra parte, debía ser sumamente cauteloso con sus ensayos y hacerlos fuera de la vista de eventuales testigos, ya que existían severos reglamentos que regían las asociaciones, gremios, corporaciones y a los particulares. El artículo IV del reglamento, inspirado en la carta de maestría de Gante, decía:

> Todo pintor admitido en la corporación trabajará con buen color de carne, sobre piedra, tela, trípticos en madera y otros materiales, y si se le encuentra en falta pagará diez ducados de multa.

El artículo VI señalaba:

> En toda obra que deba ser realizada con azur y sinople fino, si el decano y los jurados comprueban que ha cometido fraude con los materiales, el delincuente tendrá que pagar quince libras de multa.

El artículo X prescribía:

> Los jurados están obligados a hacer visitas domiciliarias en cualquier tiempo y lugar, como buenos y escrupulosos inspectores, para saber si alguno de los artículos precedentes ha sido violado, o si cualquier otra infracción no ha sido cometida, y las visitas serán hechas sin que ninguna persona pueda impedirlo.

Los estatutos eran tan rígidos con los artistas, que se diría que cuidaban la pureza de las pinturas con el mismo celo con el que los doctores de la Iglesia perseguían la brujería. Y, ciertamente, experimentar con materiales poco convencionales y, más aún, con resultados ruinosos, ponía en peligro su prestigio, su escaso capital y sobre todo, la práctica del oficio y el ejercicio de la enseñanza. El único confidente de Francesco Monterga en todas estas actividades y especulaciones había sido Pietro della Chiesa. Con su más antiguo discípulo, junto a la cauta luz de una vela, se pasaban noches enteras hirviendo aceites, mezclando resinas y espolvoreando toda suerte de limaduras. Cualquier testigo eventual hubiera jurado que estaba presenciando los preparativos de un aquelarre.

Ahora, sin su más leal aprendiz, el maestro Monterga no tenía con quién confrontar sus hipótesis y conmiserarse de sus fracasos. Pero si la consecución de la fórmula del *Oleum Pretiosum* ocupaba buena parte de la existencia cotidiana de Francesco Monterga, no era éste ni el único ni el más importante de los desvelos del maestro florentino; el problema que realmente le quitaba el sueño era el enigma del color.

IV

Las sospechas de Pietro della Chiesa sobre la persona de su condiscípulo Hubert van der Hans tenían sus fundamentos. De hecho, había sorprendido al rubio alumno husmeando en la biblioteca del maestro. Las amenazas del joven flamenco y, poco más tarde, la muerte del propio Pietro, habían hecho imposible que el discípulo dilecto informara a Francesco Monterga sobre las oscuras actividades de Hubert.

Pero no hacía falta. Francesco Monterga albergaba la sospecha que Van der Hans pudiera ser un espía enviado por Dirk van Mander. Ahora bien, ¿qué podía tener él que pudiera interesarle a los hermanos flamencos? Quizá, se decía, fuera el secreto de las fórmulas matemáticas de las perspectivas y los escorzos. Sin embargo, en su enseñanza cotidiana el maestro percibía un escaso interés de Hubert a este respecto. Deliberadamente había dejado a la vista del alumno flamenco unas anotaciones —por cierto apócrifas— que aludían al problema de las perspectivas, y pudo comprobar que no manifestó la menor curiosidad.

Si había alguien interesado en conocer, a cualquier precio, un secreto, ése era Francesco Monterga. Y ese secreto estaba en manos de los Van Mander. Ahora bien, ¿por qué motivo el maestro florentino toleraba la presencia de un espía en su propio taller? ¿Por qué le franqueaba la puerta de su casa al enemigo? Existían varias razones. El discípulo flamenco era el vehículo, en primer lugar, para saber qué podían estar buscando los Van Mander. Quizá, se decía Francesco, él mismo fuera dueño de un secreto que desconocía poseer. En segundo lugar, cobijaba la esperanza de que el propio Hubert, habida cuenta que había sido discípulo de los hermanos flamencos, conociera, aunque fuera en parte, la fórmula del *Oleum Pretiosum*. Se trataba de jugar, pacientemente, al juego del cazador cazado.

Francesco Monterga no ignoraba el indisimulable interés de Hubert van der Hans por la biblioteca. Y sabía que el mayor tesoro que guardaba el recinto era el manuscrito que había heredado de su maestro, en el cual se revelaba, justamente, el enigma del color: el maestro Monterga se había devanado los sesos durante años tratando de descifrar el jeroglífico que sucedía al revelador título. Sin embargo, las arduas noches junto a Pietro della Chiesa intentando penetrar la roca infranqueable de los misteriosos números que se intercalaban en el texto de san Agustín, habían resultado siempre por completo estériles. Inesperadamente, sin embargo, ahora que ya no podía contar con la colaboración próxima de Pietro, Francesco Monterga había encontrado un sucesor que lo ayudaría a develar el enigma.

Sin que él mismo lo supiera, Hubert van der Hans iba a ser el nexo que lo conduciría a esclarecer el críptico capítulo del manuscrito.

Pero ¿qué era, exactamente, el *Secretus coloris in status purus*?

V

El lugar donde fue hallado el cuerpo mutilado de Pietro della Chiesa se encontraba en una zona que no era desconocida para Francesco Monterga. En las vastas posesiones del *Castello Corsini*, más allá de los olivares que se extendían sobre la ladera del Monte Albano y escondida entre el follaje agreste donde competían las encinas con los enebros, los brezos y las retamas, se encontraba una cabaña ruinosa que el maestro visitaba con frecuencia. Su vetusto techo de paja no sobrepasaba la altura de la vegetación que la circundaba. Eran pocos los que sabían de su existencia, incluidos los habitantes de la vecina villa. Si algún caminante perdido se aventuraba a ascender por el estrecho y tortuoso sendero que atravesaba el bosque, era inmediatamente disuadido de seguir su marcha por una jauría que salía a su paso hostigándolo con gruñidos feroces. La formaban media docena de perros grandes como lobos que exhibían todos sus dientes, a la vez que se les erizaba el pelaje del lomo.

Ahora bien, si el caminante era reconocido por el más viejo de los mastines, que también era el más temible y aquel al que obedecía el resto del grupo, de inmediato todos los perros le franqueaban el paso. Entonces, como un grupo de mansos cachorros, se disputaban la mano del visitante reclamando caricias, a la vez que lo escoltaban tumultuosamente a través del sendero. Éste era el caso de Francesco Monterga. Todos los viernes, antes del mediodía, el maestro se proveía de un cayado que le confería un aspecto franciscano y acompañado por su discípulo Pietro, emprendía la saludable caminata ladera arriba, a través de los bosques que cubrían la falda del Monte Albano. Nunca tomaban el mismo camino. Como si se tratara de un íntimo desafío, elegían a veces la cuesta más escarpada y otras ascendían internándose por lugares hasta entonces desconocidos. Con frecuencia ocurría que perdían el rumbo; sin embargo, sabían que no tenían motivos para preocuparse; siempre, y de manera ineludible, desde el lugar más inesperado, abriéndose paso entre la espesura, aparecían los perros que los conducían hasta el recóndito sendero que llegaba hasta la choza. Cualquiera pensaría que se trataba de perros salvajes. Sin embargo, tenían un amo.

En efecto, de pie junto a la entrada de la ruinosa cabaña, advertido por los ladridos, un hombre esperaba la llegada de los visitantes aferrando un báculo amenazador. Tenía el aspecto de un monje ermitaño; llevaba una toga de piel roída de un color impreciso, ceñida a la cintura por una soga rala y marchita. Unas sandalias atadas con unas hilachas desflecadas apenas si le protegían los pies de los cardos y del frío. La barba gris y enredada se mecía al viento como un colgajo que le fuera ajeno. Sin embargo, si bien tenía la cara de un anciano, su cuerpo era tan robusto y erguido como el de un hombre que todavía no había entrado en la vejez. Los pocos que sabían de su recóndita existencia lo llamaban *Il Castigliano*. Pero su verdadero nombre era Juan Díaz de Zorrilla. La impresión agreste y hostil que daba a los ojos de un desconocido no coincidía con su disposición para con los visitantes. Quien lo frecuentaba, podía dar fe de que era un hombre amable y hospitalario, aunque de una conversación recatada y dueño de un espíritu ciertamente parco. Resultaba evidente que prefería la silenciosa compañía de sus perros a la de sus propios congéneres.

El motivo de las frecuentes visitas de Francesco Monterga era uno y bien puntual. De modo que la reunión duraba tanto como el trámite expeditivo que demandaba el pequeño negocio que, viernes tras viernes, tenía lugar en la cabaña perdida en la espesura. Il Castigliano preparaba y seleccionaba los mejores pigmentos que pudieran conseguirse en todos los reinos de la península itálica. Con el metódico escrúpulo de un herbolario, el viejo cenobita, cargando un cesto sobre las espaldas y varias talegas a la cintura, recogía raíces de rubia para preparar la garanza rosa y los tonos violetas. Francesco Monterga ignoraba cómo lo conseguía; era sabido que los colores obtenidos de la rubia, tan fulgurantes como efímeros, primero empalidecían y a los pocos días se decoloraban por completo. Sin embargo, las raíces de esa misma planta, después de pasar por el mortero de Il Castigliano y tras ser combinadas con otro polvo de origen indescifrable, ofrecían una firmeza perenne.

Era incansable en sus recorridos. En las talegas que llevaba sujetas al cinto, y en los zurrones que colgaba a su espalda, el eremita solía llevar piedras de azurita y malaquita, tierras verdes y ocres, y en su choza guardaba montones de ciertos caracoles marinos que iba a recoger en sus incursiones hasta la costa, y con los que fabricaba el mejor rojo púrpura que hubieran visto ojos humanos.

Los azules constituían un auténtico tesoro. El eremita recorría las laderas rocosas de los montes que se extendían entre los Alpes Apuanos a lo largo del Chiana y a los lados de la cuenca del Arno, hasta la Maremma y la Toscana Meridional. En las colinas metalíferas, cerca de los *saffoni* —las fumarolas blancas de vapor cargado de boro que brotan de la roca— había encontrado verdaderos yacimientos de azurita. Una de las grandes dificultades que presentaba esta piedra era separarla de los otros componentes firmemente adheridos. Los antiguos tratados consignaban las fatigosas operaciones de trituración y lavado que la hacían excesivamente cara y nunca resultaba del todo pura. Nadie se explicaba cómo el anacoreta español obtenía un pigmento despojado de toda impureza. Francesco Monterga sabía que cada ducado que gastaba era una verdadera inversión, cuyos frutos quedaban plasmados en unos cielos diáfanos y unos ropajes sin igual.

Los amarillos eran luminosos como el sol, y peligrosos como el infierno. El plomo que contenía su bellísimo amarillo de Nápoles le daba al color un aspecto tan brillante como venenoso era su efecto. Había que manipular esos amarillos con el mayor de los cuidados. La ingestión accidental producía la muerte inmediata; la absorción por la piel provocaba un envenenamiento lento y progresivo que, luego de una dolorosa agonía, acababa con la vida de la víctima que se hubiese dejado acariciar por ese luminoso color. Francesco Monterga les tenía terminantemente prohibido el uso de este pigmento a sus discípulos.

El negro de marfil lo obtenía de las astas del ciervo. Il Castigliano era una cazador implacable. Secundado por sus perros, se internaba en el bosque armado con una ballesta de su propia invención, y no había jornada de montería que no rindiera sus frutos. Se trataba de un trabajo metódico y paciente. La jauría tomaba la avanzada con los hocicos pegados al suelo y las orejas erguidas y atentas. Cuando olían el rastro del animal, corría cada cual en una dirección distinta formando un círculo de hasta tres acres. Ladrando y gruñendo, sin siquiera haberlo visto, iban arriando al ciervo hasta el lugar donde estaba el amo, cerrando cada vez más la circunferencia. Cuando la víctima, aterrorizada y acorralada, quedaba a la vista del hombre, antes de que pudiera emprender la fuga recibía una flecha entre los ojos. Cada quien recibía su parte. Los cuernos, el lomo, los cuartos traseros y la piel eran para el amo. Las entrañas, las tripas y todas las vísceras, para los perros. Las orejas eran una ofrenda para Dios; cada vez que volvía de caza, arrancaba las orejas del ciervo y las dejaba al pie de una cruz de madera que había clavado cerca de la cabaña. Las astas eran cuidadosamente separadas del cráneo y luego calcinadas sobre las brasas en una vasija cerrada. Más tarde los disolvía en los ácidos y, al calentar la mezcla, ardía dejando muy pocas cenizas. El resultado era el pigmento más negro y brillante que se hubiese visto. Sin embargo, estos preparados los fabricaba con el único propósito de comerciarlos. Para proveerse a sí mismo echaba mano de otras técnicas, por cierto mucho menos convencionales. Absolutamente nadie conocía sus pinturas. Y tenía sus motivos. Juan Díaz de Zorrilla pintaba con la sola determinación de expiar sus fantasmas. Los pigmentos que utilizaba surgían de una particular concepción del Universo, visto a través de la pintura. Sostenía que, para que la pintura no fuese más que un torpe y defectuoso simulacro, el color debía ser inmanente al objeto representado. En rigor, solía reflexionar, si el Universo sensible está compuesto de materia y a cada sustancia le es dado un color, las leyes de la pintura no debieran ser diferentes de las leyes de la naturaleza. Apartarse un ápice de éstas significaba alterar el orden universal del mundo sensible. En términos prácticos, esto se traducía de la siguiente forma: si, por ejemplo, decidía representar su cabaña y el bosque que la circundaba, elaboraba los pigmentos con las mismas sustancias que componían cada uno de los elementos que se proponía representar. Así, de la madera con la que estaba hecha su casa extraía su exacto color. El temple con el que habría de pintar el techo de paja requería de las propias hebras que lo constituían y no de otras. Para pintar los árboles, el follaje, los frutos y las flores, desligaba los extractos de cada uno de los compuestos. Si tenía que pintar un ciervo, los barnices para cada elemento representado estaban hechos de la misma materia de la que estaba constituido el animal. Nadie sabía con qué aglutinante conseguía ligar los colores sin que perdieran su efímero fulgor. Pero si el Universo, además de su constitución sensible, ocultaba a la vez que revelaba un substrato ideal, la pintura no podía ser una banal representación de la representación. Esto es, además de la apariencia externa, el objeto caracterizado requería necesariamente algo de la idea que lo sustentaba.

Así, para representar la idea de vitalidad en una figura no bastaba la perfecta percepción dada por las formas. Se necesitaba insuflarle el espíritu, imperceptible a la vista. Así, Il Castigliano había elaborado una cuidadosa clasificación de ideas a las cuales les correspondían determinados elementos que transportaban, en su sustancia, los espíritus que animan la materia. De acuerdo con tal nomenclatura, el esperma de caballo, por ejemplo, contenía la idea de la vitalidad, la exuberancia, la épica, la lealtad y la nobleza. Si tenía que expresar sufrimiento, abnegación, laboriosidad o sacrificio, agregaba a la mezcla gotas de sudor. Las lágrimas diluidas en el temple prestaban la esencia de la piedad, la misericordia, la injusticia y la culpabilidad. La sangre era uno de aquellos preciosos elementos que reunían, a una vez, el color de la materia, la idea y los espíritus. Para las carnaciones, no vacilaba en emplear su propia sangre diluida en aceite de adormideras. Alguna vez, en un exceso de locuacidad mística, el pintor español le había comentado algo de todo esto a Francesco Monterga. Al maestro florentino, además de parecerle cuanto menos un procedimiento tenebroso, le confirmó la idea de que su colega había perdido definitivamente la razón.

Durante el curso de una de las últimas visitas que le hicieran Francesco Monterga y su discípulo, Il Castigliano, sentado en el rincón más oscuro de la cabaña, estaba garabateando una tabla con un carbón. Al maestro Monterga le pareció que estaba tomando un apunte del rostro de Pietro della Chiesa. Interesado por conocer el trazo de su colega español, el maestro florentino se incorporó con el propósito de ver más de cerca el dibujo. Pero Il Castigliano inmediatamente dio vuelta a la tabla. Guardaba un celo enfermizo de su obra. Francesco Monterga no le dio ninguna importancia a este hecho, pues sabía que su colega estaba un poco loco.

Ninguna de las personas que conocían su extraño comportamiento hizo apenas caso de las rarezas del huraño español. Hasta que apareció, muy cerca del lugar donde estaba su recóndita cabaña, el cadáver del discípulo de Monterga con el rostro desollado.

VI

Nadie tenía motivos para sospechar que aquel ermitaño vestido con un harapo de piel raída, apenas un poco menos salvaje que los perros con los que convivía, había sido protegido de Isabel, la reina de Castilla, y de su marido Fernando, el rey de Aragón. Nadie hubiese imaginado que esa sombra entre el follaje que rehuía a los hombres y dormía en un cobertizo, había recibido de ellos sus principales encargos. Juan Díaz de Zorrilla había nacido en Paredes de Navas, en Castilla. Fue condiscípulo de su coterráneo, Pedro Berruguete, padre de Alonso, quien años más tarde habría de ser considerado el padre de la pintura española. Juan y Pedro fueron como hermanos. A la muerte del maestro, sus destinos se separaron. Juan Díaz de Zorrilla se trasladó a Italia y recaló en la Umbría. Su talento se hizo notar inmediatamente; y teniendo apenas catorce años, recibió una cálida recomendación de manos del mismísimo Piero della Francesca: «El portador de ésta será un joven español que viene a Italia a aprender a pintar y que me ha rogado que le permita ver mi cartón que empecé en la Sala. Así, pues, es necesario que tú procures, sea como fuere, hacerle dar la llave, y si puedes servirle en algo, hazlo por amor mío, porque es excelente muchacho». Los primeros signos de un espíritu difícil tuvieron lugar por estos años; no queda constancia de cuál fue, exactamente, el episodio que hizo cambiar de parecer a su protector, pero en otra carta contradice abiertamente su recomendación: «Quedo enterado de que el español no ha conseguido la gracia de entrar en la Sala; lo agradezco y ruega de mi parte al guardador cuando le veas, que obre del mismo modo con los demás».

Después de un infructuoso periplo que comenzó en Roma y terminó en Florencia, regresó a España. En Zaragoza, por encargo del vicecanciller de Aragón, labró el retablo y el sepulcro de una capilla del monasterio de los frailes Jerónimos de Santa Engracia. Durante todos estos años se desempeñó como escultor, principalmente en Zaragoza, hasta que Isabel de Castilla lo llamó a su servicio, nombrándolo pintor y escultor de Cámara. Fue entonces cuando le fueron encargados varios proyectos que hubieran podido consagrarlo para siempre. Sin embargo, nunca pasaron del boceto. Las autoridades consideraron su obra excesivamente oscura, sombría y cargada de alegorías indescifrables. Pese a que nadie ignoraba su talento y, sobre todo, su técnica, los bocetos eran extrañas iconografías enmarcadas en paisajes aterradores. Su versión de la *Decapitación de San Juan el Bautista* era tan estremecedora que su visión resultaba para muchos intolerable. Sea por ironía de sus superiores o por puro azar, recibió la merced de una Escribanía en el Crimen, una modesta renta que le permitía vivir con austera dignidad. Fue en esta época cuando empezó a pintar secretamente. Igual que los nigromantes que se encerraban a concebir furtivos conjuros, Juan Díaz de Zorrilla, enclaustrado en un recóndito sótano, desterraba los demonios de su espíritu confinándolos al encierro del temple sobre tablas. Pero fue descubierto. Tan pavorosos debieron de ser los fantasmas que exorcizaba en sus pinturas, que fue conminado a abandonar la corte castellana.

En la vecina Soria conoció a Ana Inés de la Serna, con quien contrajo matrimonio. Ana era la hija mayor de un próspero comerciante en especias. Su matrimonio fue tan infeliz como fugaz. Juan Díaz de Zorrilla se recluía a pintar durante días enteros. Durante esos períodos no probaba bocado ni veía la luz del sol. Y ni siquiera su esposa podía interrumpir sus retiros. Y desde entonces, para que nadie descubriera sus pinturas, ni bien las terminaba las destruía o repintaba sobre la misma tabla. Una sola tabla podía ocultar hasta veinte pinturas superpuestas. Fue en esta época cuando comenzó a experimentar con pigmentos de su propia invención y a elaborar sus propias recetas. Necesitaba que las pinturas secaran tan rápido como el dictado de sus demonios, para, entonces, poder volver a pintar encima de la obra concluida. En un confuso episodio que jamás fue esclarecido, lo confinaron a prisión; su esposa apareció muerta y la causa habría sido envenenamiento. El estado del cadáver presentaba los horrorosos signos que deja la caricia ponzoñosa del amarillo de Nápoles. Sin embargo, el tribunal no pudo comprobar las circunstancias del envenenamiento y el pintor fue absuelto.

El prematuro ascenso y la brutal caída de Juan Díaz de Zorrilla estaban impulsados por una fuerza inversamente proporcional a la que guiaba el destino de su antiguo condiscípulo, Pedro Berruguete, quien se había convertido en uno de los más preciados pintores de su tierra. Por su parte, olvidado, desprestigiado y cada vez más azuzado por sus íntimos demonios, Juan decidió retirarse del mundo de los hombres y marchó a su salvaje refugio en la Toscana.

Con la excusa de comprar pigmentos, Francesco Monterga se encaminó a la casa de Il Castigliano. Cuando se internó en el bosque, le sorprendió que los perros no salieran a su encuentro. Una vez en la cabaña pudo confirmar sus sospechas. Juan Díaz de Zorrilla había abandonado el lugar. El pósito de leña donde había aparecido el cadáver de Pietro della Chiesa quedaba a una legua de la casa del pintor español.

4

VERDE DE HUNGRÍA

I

Una lluvia fina y helada caía sobre los tejados ennegrecidos de Brujas. Como si quisiera remover el moho del olvido y sacar a relucir el antiguo esplendor, el agua percutía contra las costras del abandono con la inútil porfía de una gubia sin filo. Las gotas repicaban sobre la superficie estancada del canal formando burbujas que, al reventar, dejaban escapar un hedor putrefacto; era como si un enjambre de insectos royera la carne de un cadáver largamente descompuesto. Los árboles otoñados y los mástiles huérfanos de banderas o, peor aún, exhibiendo las hilachas de los pendones que recordaban las viejas épocas de gloria, le conferían a la ciudad un aspecto desolador. No era aquélla la triste imagen de una ciudad deshabitada, sino que, al contrario, estaba poblada de memorias que presentaban la materialidad de los espectros. Se diría que las callejuelas que brotaban de la plaza del mercado no estaban desiertas, sino atestadas de espantajos sólo visibles para aquellos que resistieron el éxodo. Y, justamente, para los pocos que se habían quedado, la llegada de un extranjero constituía un raro acontecimiento. Había pocos motivos para visitar aquel pozo pestilente, de modo que, de inmediato, empezaban a correr los más variados rumores en torno al recién llegado. Y mucho menos frecuente aún resultaba la visita de una mujer joven sin más acompañamiento que el de su dama de honor. Pero si, además, la mujer en cuestión se liberaba de su dama de compañía y, al anochecer, entraba sola a la casa de dos hombres solteros, la curiosidad se convertía en malicioso regodeo.

Cada vez que Fátima salía a la calle podía comprobar que las miradas furtivas tenían el peso condenatorio de una lapidación pública. A su paso escuchaba cómo se abrían las ventanas y, por el rabillo del ojo, observaba las cabezas fisgoneando a medio asomar. De manera que, mientras esperaba la respuesta de los Van Mander, Fátima se veía obligada a pasar la mayor parte del día encerrada en su cuarto en los altos del edificio de Cranenburg.

La misma noche de la visita de Fátima, los hermanos habían mantenido una acalorada discusión. Greg se oponía a aceptar el pedido de Gilberto Guimaraes. Argumentaba que, por muy generosa que pareciera la paga, jamás iba a compensar los dolores de cabeza posteriores; sabía cómo pensaban los comerciantes, se creían con derecho a cualquier cosa a cambio de una talega repleta de monedas de oro. Nada los dejaba conformes y, además, eran dueños de una ignorancia tan inmensa como su soberbia. Y el mejor ejemplo era el ofensivo desplante que le habían hecho a Francesco Monterga. Dirk, en cambio, opinaba que necesitaban ese dinero; desde que virtualmente se habían desvinculado de la Casa Borgoña al decidir quedarse en Brujas, el estado de sus finanzas era preocupante. Decía esto último con un tono que mal podía disimular viejos reproches. Sentía que su hermano mayor, con su obstinación, lo había condenado a anclarse en aquella ciudad que no ofrecía ningún horizonte. Pero cuantos más argumentos en su favor le daba Dirk, tanto más irreductible parecía ser la posición de Greg. El mayor de los hermanos le recordó que nada lo ataba a él, llegó a decirle que, si así lo quería, tenía plena libertad de mudarse a Gante, a Amberes o a donde quisiera; que no tenía motivos para preocuparse por él, pues, como bien lo sabía, podía bastarse por sí mismo. Y en esos momentos de la disputa Dirk tenía que hacer ingentes esfuerzos para sellarse la boca y no recordarle que era un pobre ciego, que si todavía podía dedicarse a la pintura era por el solo hecho de que él se había convertido en sus ojos y en sus manos. Y por si fuera poco, le pagaba con la moneda de la mezquindad: ni siquiera había tenido la generosidad de revelarle el secreto del preparado de sus pinturas, condenándolo, de ese modo, también a él a la ceguera. No podía ignorar que ambos constituían una unidad. El uno sin el otro no podía valerse por sí solo.

Hasta que hubo un momento en el que Greg fue terminante: sin rodeos, le preguntó a su hermano menor cuál era el motivo de tanta vehemencia, si las ansias de retratar a su cliente o la cliente misma. El largo silencio de Dirk fue considerado como una respuesta. Sólo entonces, y sin añadir ninguna explicación que justificara su repentino asentimiento, el mayor de los Van Mander accedió a la petición de Gilberto Guimaraes. En ese mismo instante ambos pudieron escuchar el casco de los caballos que acababan de entrar en la calle del Asno Ciego.

II

Tras saludar a la dama, y ganado por la curiosidad, Greg van Mander quiso conocer los motivos del extraordinario entusiasmo que mostraba su hermano por la visitante. Con una actitud súbitamente paternal, el viejo pintor se acercó a la mujer y le rogó que le permitiera hacerse una composición más precisa de su persona. Antes de que Fátima pudiera comprender el pedido, Greg estiró suavemente la diestra y deslizó su índice por el perfil del rostro de Fátima. En la ínfima pero sensible extensión del pulpejo de su dedo pudo sentir la piel tersa de su frente alta y luego el diminuto contorno de su nariz, recta y delicada. La mujer, que permanecía inmóvil, ni siquiera se atrevía a parpadear y no pudo evitar un estremecimiento cuando la mano del pintor se detuvo en la superficie de sus labios apretados. Fátima se veía aterrada, como si temiese que un íntimo secreto fuera a revelarse en virtud de aquel acto. Un finísimo velo de sudor frío cubrió de pronto el borde superior de su boca. Y mientras recorría, ahora en sentido horizontal, los labios de Fátima hasta el límite de las comisuras crispadas, Greg pudo hacerse una representación exacta de aquel rostro joven e inmensamente hermoso. Fue una inspección breve. Sin embargo, a Fátima le pareció una eternidad. Para Greg, en cambio, se trató apenas de un fugaz viaje a la remota patria de los recuerdos. Desde el lejano día en el que perdió la vista, llevado por el pudor y el amor propio, se había prometido renunciar a las mujeres. Pero ahora, al solo contacto con aquellos labios cálidos, todas sus convicciones parecían a punto de desplomarse. Un temblor, mezcla de bríos viriles y culposos pensamientos, conmovió su vientre y aún más abajo. Desde ese momento, el índice de Greg van Mander, marcado por el estigma imborrable de la piel de Fátima, habría de señalar para siempre el camino de los juramentos rotos.

Dirk presenció la escena sin otorgarle ninguna importancia. De hecho, se alegró ante el desusado gesto de hospitalidad de Greg para con su huésped. Pero tal vez hubiese experimentado una emoción diferente si hubiera podido ser testigo del silencioso sismo que acababa de desatarse en el espíritu de su hermano.

Fátima no manifestaba ninguna preocupación por la salud de su marido. A Dirk van Mander no dejaba de sorprenderle el buen humor del que siempre hacía gala la mujer. En todo momento y bajo cualquier circunstancia, Fátima mostraba una ligera sonrisa que se diría adherida a sus labios, carnosos y rojos. En un tono formal que, sin embargo, ocultaba una interesada curiosidad, Dirk interrogó a su huésped sobre algunos asuntos, más bien generales, atinentes a su esposo. Fátima, sin poder evitar una notoria incomodidad, contestaba de un modo evasivo y escueto e inmediatamente cambiaba el curso de la conversación.

Entretanto Greg, todavía obnubilado, escondía su aturdimiento tras la cortina acuosa que cubría sus ojos, e intentaba mostrarse menos interesado en la persona de su cliente que en las cuestiones de orden práctico, concernientes al trabajo que tenían por delante. Después de todas sus resistencias anteriores, ahora, incomprensiblemente, quería poner manos a la obra cuanto antes. Y quiso saber con cuánto tiempo contaban. La mujer explicó que el barco permanecería en el puerto de Ostende durante treinta días, para luego regresar a Lisboa. Al oírlo, el rostro de Greg se transfiguró en una mueca amarga. Se puso de pie y, fijando sus pupilas muertas en los ojos de la joven, sentenció:

—Imposible. En treinta días es imposible.

Fátima quedó petrificada a causa del miedo que le había provocado la expresión de Greg, tan parecida a una mirada. El viejo pintor giró la cabeza en dirección a su hermano con un gesto elocuente, como si así le confirmara todos los reparos que le había manifestado momentos antes. Dirk, consternado, bajó la cabeza. Sabía que era materialmente imposible terminar el trabajo en apenas treinta días. Fátima no tenía por qué saberlo; de modo que el menor de los hermanos, intentando poner un poco de amabilidad, le explicó que era muy poco tiempo para hacer un trabajo digno de su persona.

Fátima no atinaba a moverse de su silla. Se mostraba francamente atónita. Se diría que no acababa de resolverse entre levantarse y retirarse corriendo del lugar o hacer votos para que la tierra se abriera y se dignara a sepultar su avergonzada humanidad. Titubeando en su alemán plagado de ripios y pudor, y dirigiéndose a Greg, dijo:

—Tenía entendido que los temples y los óleos de Vuestras Excelencias, además de ser los más maravillosos que jamás se hubiesen visto, os permitían trabajar con más rapidez que cualquier otro en este mundo... —vaciló unos segundos como si intentara buscar las palabras menos ofensivas y continuó—: En menor tiempo, cierto maestro florentino había comprometido su palabra para terminar el retrato...

Sin poder abandonar su tono irresoluto, Fátima dejó la frase inconclusa, reflexionó un momento más, y finalmente, con una firmeza que ponía de manifiesto un ánimo ofendido, sentenció:

—Lamento haber equivocado mi juicio sobre vuestras artes. Me habían hablado de ciertas técnicas nuevas, de ciertas virtudes de vuestros óleos, brillantes y capaces de secar como ninguno.

Las últimas palabras de la mujer parecieron ejercer el efecto de dos puñales certeros apuntados al centro del corazón de cada uno de los hermanos. Tanto que no tuvieron tiempo de sorprenderse de los conocimientos de pintura que acababa de poner en evidencia Fátima. Para Dirk fue una nueva declaración de guerra; el fantasma de su enemigo, Francesco Monterga, había vuelto a hundir su dedo en la llaga doliente. Greg creyó adivinar el pensamiento de su hermano: si la traición de su discípulo Hubert, comparado con el trofeo que significaba la visita de Fátima luego de su decepcionante paso por el taller del maestro florentino, era como cambiar un peón por la reina, no aceptar ahora el reto hubiese representado la pérdida definitiva de la partida.

El convulsionado espíritu de Greg ardía ahora como una hoguera: a la pira que se acababa de encender por obra de la fricción de la piel con la piel, se agregaba la leña de la pasión por el oficio al que había decidido renunciar. Sus antiguos juramentos tambaleaban al borde del extremo de su índice, todavía ardiente. Greg podía sentirse orgulloso de sus pinturas; tal como lo acababa de decir Fátima, sus preparados eran, en efecto, insuperables en brillo, textura y pigmentación y además, podía, si así lo quería, fabricar los óleos más puros, y provistos de un poder de secado que superaba al más rápido de los temples. La respuesta al desafío, en apariencia trivial, que acababa de plantear Fátima no se hizo esperar. Dirk fijó sus ojos en los de su hermano y pudo comprobar en lo más recóndito de su silencio meditabundo que estaba pensando en lo mismo que él. Y ese pensamiento podía resumirse en dos palabras: *Oleum Pretiosum*. Dirk sabía que Greg se había jurado no volver a preparar nunca más la fórmula que lo había puesto sobre el mismo pedestal que Jan van Eyck y al cual había decidido renunciar por misteriosas razones. Pero tampoco desconocía que la firmeza del juramento era proporcional a la tentación de volver a prepararlo. Si hubiese sido de otro modo, no había motivos para jurar. El menor de los Van Mander sabía cuánto trabajo le demandaba a su hermano sustraerse al acicate de la fascinación que ejercía en su espíritu el *Oleum Pretiosum*. Las pinturas que preparaba todos los días, siendo que eran de las mejores, no se aproximaban ni por mucho a las que sabía hacer. Era como si fuese dueño de las alas de un ángel que, pudiendo volar a cielo abierto, se condenara por decisión propia a la pedestre condición. Por otra parte, Dirk jamás había tenido el privilegio de cargar su paleta con la pintura más apreciada por cualquier pintor; innumerables veces había cedido a un dulce ensueño en el que lograba acariciar con sus pinceles la suave superficie del *Oleum Pretiosum*. Se imaginaba a sí mismo esparciendo sobre una tabla el rastro sutil de la fórmula, cuyo conocimiento le era negado por su propio hermano. Pero nunca, como ahora, los hermanos flamencos se habían visto tan cerca de la tentación. Cierto era que, desde el día en que Brujas se había convertido en una ciudad muerta, no se les había presentado la ocasión ni siquiera de imaginar la posibilidad de volver a preparar la secreta fórmula. Sin embargo, Dirk tenía la íntima esperanza de que ese día habría de llegar. Y en ese momento no tuvo duda de que por fin ese día había llegado.

Cuanto más miraba el enigmático rostro de su huésped, menos podía evitar Dirk la ilusión de retratarla con las pinturas que su hermano se obstinaba en negarle. No hizo falta que los Van Mander mantuvieran una conversación en privado; cada uno sabía, exactamente, qué estaba pensando el otro. Greg se revolvió en el sillón, acarició la felpa con la yema de los dedos, cerró los ojos, que se habían llenado de una vitalidad inédita, como si de pronto se hubiesen animado por la luz que el destino les había arrebatado y, finalmente, sentenció:

—Si queremos tener el trabajo listo en treinta días, deberíamos comenzar de inmediato.

III

Un rayo de sol atravesó un intersticio abierto en aquel sudario de nubes grises, extendiendo un cortinado de tul amarillento hecho de gotas de lluvia que dividió la ciudad en dos; hacia el sur del canal reinaba una penumbra acentuada más aún por el contraste de la mitad iluminada. En los cristales mojados del ventanal del taller sobre el puente de la calle del Asno Ciego, se formaban pequeños círculos en cuyo centro la luz se fragmentaba en sus componentes, imitando al tímido arco iris que de pronto rasgó el cielo. Aunque todavía llovía con furia, hacía mucho tiempo, tal vez algunos meses, que no se veía el sol brillando sobre Brujas. Era una señal auspiciosa; si aquél era el inicio del buen tiempo, los vahos del aire empezarían a desvanecerse y las tablas exudarían la humedad acumulada durante el otoño; las telas se harían más permeables a los preparados de cola de pescado y tiza, y la imprimación se dejaría absorber más fácilmente. Por otra parte, el sol resultaba vital para apresurar el secado completo del *Oleum Pretiosum* una vez terminada la pintura. De pronto la lluvia dejó de repicar sobre el tejado y las nubes se abrieron de par en par. Si quedaba algún resto de duda en el espíritu de los Van Mander, se despejó súbitamente, igual que el cielo azul que se veía tras la ventana. Dirk, sin perder tiempo, le pidió a Fátima que se preparara para posar, a la vez que extendió un lienzo en el alféizar del ventanal. Greg acomodó algunos leños que ardían en el fuego y fue hasta un rincón del cuarto donde se apilaban, verticales, una cantidad de tablas de distintas formas y tamaños. Con las yemas de los dedos recorrió la superficie de las maderas, tocó el canto de los bastidores y las separó en dos grupos, descartando en uno las que presentaban algunas fallas. El corazón del mayor de los Van Mander latía con una fuerza inédita. No lo animaba el sentimiento pecaminoso de quien acaba de romper un juramento, sino el entusiasmo de quien reemplaza los términos de una promesa. Se decía a sí mismo que si permitía a Dirk trabajar con el preciado *Oleum Pretiosum*, quizá de esa forma habría de disuadir su curiosidad y nunca más volviera a insistir con conocer la fórmula.

Fátima miraba el súbito movimiento con la curiosidad nacida del desconcierto; ni siquiera podía imaginar que su persona había sido la causa de la eclosión del antiguo y subterráneo magma que bullía en el espíritu de los hermanos, y que ahora, después de años, surgía a la superficie con una fuerza largamente contenida. Mientras se arreglaba el tocado frente al espejo, por el rabillo del ojo intentaba descifrar el motivo de tanta excitación. Dirk se aseguró de que la tela estuviese completamente seca, la descolgó del ventanal y la presentó sobre la tabla que había seleccionado Greg. Con la pericia de un pasamanista, Dirk cortó la tela, la extendió sobre la superficie de la madera y, llenándose la boca con un puñado de clavos, empezó a martillar sobre el revés de la tabla. Cuando el lienzo quedó bien tenso, tendió una suave capa de cola haciéndola filtrar a través de la trama de la tela. Dejó la tabla expuesta al sol, mientras preparaba un engrudo fino y algo hediondo. En un caldero de cobre puso a hervir huesos de arenque hasta que los cartílagos perdieron consistencia, al punto de convertirse en una pasta acuosa. Fátima, sin dejar de arreglarse, mirando en el reflejo del espejo, preguntaba con ingenua curiosidad sobre cada uno de los metódicos pasos que seguía Dirk. Con ánimo pedagógico y con cierta afectación de importancia, el pintor le explicó que la cola de pescado servía para darle adherencia a la tela. Luego seleccionó unas bayas de enebro. Retiró el caldero de las brasas y lo dejó enfriar. Tomó uno de los azules frutos y, con un cuchillo de hoja filosa, le abrió una incisión. Del interior salieron unas semillas, y se las enseñó a Fátima; luego le expuso que el aceite esencial que obtenía con ellas, agregado a la mezcla, le ofrecía al lienzo una adherente flexibilidad que lo protegía de la humedad y evitaba posteriores fisuras. Tomó un frasco de cristal y vertió una pequeña porción del líquido viscoso en su mano abierta. Fátima extendió el índice y tocó las gotas que descansaban sobre la palma de la mano de Dirk; con una mezcla de aprensión y divertida sensualidad, examinó el aceite, se preguntó cuál sería su sabor, y luego se acercó la gota a sus labios. Dirk pudo ver cómo la lengua de la mujer acariciaba la superficie de su propio dedo. Como si no hubiese arribado a una conclusión sobre el sabor del líquido, hizo un gesto de duda, tomó la mano de Dirk y la acercó a su cara. El menor de los Van Mander tembló como una hoja. Sobre las líneas de su palma, como un pequeño río, rodaba todavía otra gota del viscoso aceite; contra toda previsión, Fátima cerró los ojos y recorrió con su lengua el rastro oleaginoso sobre la mano del pintor. Greg, por completo ajeno al reciente episodio, a muy poca distancia revolvía el caldero. Dirk, con la diestra extendida y rodeada por las manos tibias de la mujer, miró a su hermano como si temiera que acabara de ser testigo de la silenciosa escena. Entonces Fátima giró sobre sus talones dejando a Dirk con el brazo tieso y una expresión anonadada, al tiempo que sentenciaba:

— Demasiado amargo. ¿No tenéis fruta?

El ánimo de Dirk se llenó de aquella luz primaveral y creyó ver a la ciudad como en las épocas de esplendor; todo cobró, súbitamente, un sino de optimismo. Miró a Fátima, erguida y lista para modelar y la vio más hermosa que nunca. Tuvo la inquietante certeza de que estaba completamente enamorado.

En lo más profundo de su alma sabía que aquella alegría casi pueril, encerraba el germen de la tragedia.

IV

Antes de que cayera la tarde, el boceto final estaba
casi terminado. Las manos de Dirk iban y venían sobre la superficie del lienzo urgentes pero precisas. Llevaba una túnica improvisada que le envolvía la cabeza y caía sobre sus hombros. Trabajaba con un carbón
duro y bien afilado y con un pincel mediano de pelo
de marta. Con uno definía las líneas de contorno y con
el otro bosquejaba los volúmenes esparciendo sutilísimas lavadas. Cuando utilizaba uno, sostenía el otro
entre los dientes y así, como un malabarista, en un rápido movimiento, alternativamente pasaba el pincel a
la diestra y el carbón a la boca. Si necesitaba ablandar
las líneas, frotaba suavemente la yema del pulgar sobre el trazo. Fijaba sus ojos en el perfil de Fátima y dibujaba casi sin mirar la tela. En un cuaderno pequeño que descansaba sobre sus rodillas garabateaba breves
anotaciones ilegibles y trazaba líneas cuya geometría
sólo él era capaz de comprender. Fátima permanecía
inmóvil sentada sobre un taburete. Se hubiera dicho
que había dedicado su vida a posar. Había adoptado
una posición cómoda, el gesto distendido y la expresión fresca que siempre la acompañaba. Posaba con los

128

hombros levemente erguidos, de manera que la espalda recta resaltaba el pequeño volumen del busto, y mantenía las manos enlazadas sobre el regazo y las piernas firmemente unidas en las rodillas y talones. Se diría que podía adivinar cuándo el pintor estaba trabajando en el entorno, entonces aprovechaba para mover un poco el cuello y relajar la columna. Dirk ni siquiera tuvo que darle indicaciones. Por momentos Fátima se abstraía observando las tareas de Greg, y seguía cada movimiento del mayor de los Van Mander como si quisiera penetrar en el sentido de sus extrañas labores. No dejaba de admirarse de la habilidad con que manipulaba cada objeto; se movía como si realmente pudiera ver. Greg era un hombre alto de mandíbula decidida y frente resuelta. Su estatura era notablemente superior a la de su hermano y, siendo varios años mayor, poseía un porte y una actitud más lozana. Dirk, en cambio, tenía la espalda doblada y el semblante abatido, como si cargara con un peso tan gravoso como antiguo. Fátima miraba los brazos fuertes de Greg tensándose cada vez que manipulaba los pesados leños, sus músculos y las venas inflamadas que contrastaban con sus dedos delgados y tan sensibles como alguna vez lo habían sido sus ojos.

Dirk se había percatado de la forma en que la mujer observaba a su hermano y, por un instante, no pudo evitar experimentar algo semejante a los celos. Pero inmediatamente se liberó de aquella idea peregrina como quien espanta una mosca. Hacía un momento Fátima había dado muestras de cuál era el objeto que ocupaba su interés. Por otra parte, se dijo, su hermano era poco menos que un anciano y, por añadidura, ciego. Sin embargo, Dirk había notado que, después del breve y furtivo episodio del aceite esencial de enebro, Fátima no había vuelto a dirigirle la palabra. Ni siquiera lo había mirado. De pronto había adoptado una actitud de perfidia o tal vez de arrepentimiento. Después de todo, se dijo, era una mujer casada. En rigor, Dirk se vio invadido por un alud de conjeturas encontradas. Quizá el contacto físico fuera un hecho común entre los portugueses y no revistiera ningún otro carácter ni segundas intenciones. O acaso la actitud indiferente de la mujer respondía a un juego de astucia o a una estrategia de seducción. Lo cierto es que Dirk tuvo que admitir que, desde la llegada de Fátima, no podía pensar en otra cosa. Y mientras la retrataba, a la vez que fijaba la mirada en su perfil adolescente, intentaba penetrar en lo más recóndito de su alma para adivinar qué pensamientos se escondían tras esos ojos negros y enigmáticos. Entre el aluvión de hipótesis, llegó a pensar que el reciente episodio no había sido sino un invento de su imaginación turbada por la larga abstinencia de la carne. De modo que decidió tomar, ahora él, la iniciativa. En aquel justo momento el pulso le tembló al punto de quebrar el carbón entre sus dedos; el corazón galopaba en su pecho como un caballo encabritado. Con la excusa de ir a buscar una nueva carbonilla, caminó hacia el otro extremo del cuarto. Fátima aprovechó para distenderse moviendo la cabeza a derecha e izquierda. Al pasar por detrás de ella, Dirk se detuvo un momento y posó su mano suavemente en el cuello de la mujer. Sintió pánico por su atrevimiento. Pero como viera que Fátima guardaba un silencio cómplice, deslizó la palma hasta el hombro. Fátima dejaba hacer. Dirk había encontrado que las furtivas caricias le provocaban un malicioso placer que iba más allá de la voluptuosidad; en rigor, descubrió que lo que realmente le resultaba profundamente excitante era la ausente presencia de Greg. Era como provocar un silencioso cataclismo en su universo metódico y controlado frente a sus ojos inertes. Pero mientras pensaba todo esto, también notó que la pasividad con que Fátima permitía que acariciara su cuello no revelaba ninguna disposición a la lascivia ni tampoco a la ternura. En rigor, su indiferencia se parecía más a un rechazo que a un asentimiento. De modo que Dirk, ante la inexplicable apatía que mostraba Fátima, retomó el camino hacia la pequeña despensa donde se adocenaban lápices, carbones, sanguinas y plumas minuciosamente ordenados. Buscaba entre las carbonillas una que tuviera la misma dureza que la que acababa de romper; visiblemente contrariado, revolvía nerviosamente, desparramando todo sobre la tabla. Abría y cerraba los cajones ruidosamente, y cuanto más rebuscaba menos podía encontrar. Importunado por tanto alboroto, Greg giró la cabeza en dirección a la despensa y con un tono parsimonioso que en realidad denotaba su molestia, le preguntó a su hermano qué estaba buscando. Dirk, blandiendo el carbón roto, contestó no sin cierta hostilidad. Le fastidiaba profundamente que su hermano tuviera que inmiscuirse en todo. Pero sabía que Greg llevaba un prolijo inventario de cuanto había en el taller, trabajo que, ciertamente, él nunca se había tomado.

Greg no tuvo que pensar demasiado para decirle que aquélla era la última carbonilla que quedaba, reprochándole, de paso, la indolencia que implicaba haberla roto y la desidia de no haber hecho la compra de la semana. Le dijo que si quería continuar con el trabajo, todavía le quedaban quince minutos para acercarse hasta la plaza del mercado, atravesarla en diagonal, cruzar el canal y llegar hasta la botica para comprar carbones. Dirk resopló su fastidio, tomó unas monedas de la pequeña talega, giró sobre sus talones y, sin decir palabra, se encaminó hasta la puerta rumbo a la calle.

En el mismo momento en que Dirk salió, Fátima se incorporó, movió la cabeza en forma circular y arqueó la columna. Descubrió que tenía la espalda cansada y las piernas un poco entumecidas. De pie junto a la ventana, sintió la necesidad de prodigarse unos masajes en las piernas. De modo que se levantó el pesado faldón y, posando el pie sobre la banqueta, desnudó sus piernas largas, delgadas y firmes. Por un momento sintió pudor ante la presencia de Greg, que estaba muy cerca de ella, pero al fin y al cabo, se dijo, no tenía forma de ser testigo. Primero se frotó los muslos describiendo pequeños círculos, luego bajó hasta las pantorrillas y siguió por los tobillos. En esa misma posición, le preguntó a Greg si su hermano habría de demorarse mucho.

—No lo suficiente —respondió enigmáticamente Greg.

El mayor de los Van Mander pudo sentir el aliento cercano de Fátima y hasta se diría que intuyó la proximidad de la carne desnuda. Los ojos del pintor, muertos y sin embargo llenos de una vivacidad inquietante, estaban fijos sobre los de ella. Tan semejante a una mirada era su expresión que Fátima llegó a dudar de que fuera realmente ciego. Un poco para comprobar esta última impresión y otro poco a causa de una impostergable inercia, la mujer aproximó sus labios a los de Greg lo suficiente para sentir el leve roce de su bigote entre rubio y plateado. Y así permaneció, refrenando el impulso de tocar los labios. Greg extendió su mano y, tomando a la joven por la nuca, la aproximó todavía más a su boca. Pero no la besó. Quería sentir el calor de la piel contra la piel. Entonces Fátima reemplazó su propia mano, aquella con la que no dejaba de acariciarse los muslos, por la de él. Greg permanecía con los ojos abiertos, semejantes a dos piedras turquesas sobre el lecho de un lago turbio. A Fátima se le antojó que así, como ese lago oscuro, era el espíritu de Greg, y como aquellas piedras claras la esencia que se ocultaba. Se dijo que bastaba con hundir el brazo en aquellas aguas lóbregas para alcanzar el azul verdadero de su corazón. Entonces tomó firmemente las manos de Greg y con ellas se frotó los muslos, duros como la piedra pero suaves y tibios como el terciopelo de su vestido. Por momentos Fátima se alejaba un poco y, sin soltar las muñecas del pintor, guiaba sus manos hacia algún lugar de su cuerpo, como instándolo a que adivinara de qué parte se trataba. Y así, transitando poco a poco por cada ápice de piel, arrastró el índice de Greg hasta su boca, lo humedeció con su saliva, bajó apenas el escote del vestido y lo condujo hasta el pezón, diminuto y crispado, del tamaño y la consistencia de una perla. Fátima trazaba sutilísimas líneas sobre la superficie de su cuerpo con la yema del dedo de Greg, cuyo rastro húmedo parecía la leve huella de un caracol. Si el pintor pretendía tocar más allá de los límites que le imponía Fátima, entonces ella presionaba con fuerza alrededor de las muñecas de Greg y conducía su índice adonde quería. Las manos de Greg se dejaban domesticar y se abandonaban a los arbitrios de su nueva dueña. De pronto, el creador de aquel pequeño universo arreglado a su imagen y semejanza, el ciego omnisciente alrededor del cual todo se movía con la precisión de un cosmos, el todopoderoso a cuyo control nada escapaba, había quedado a merced de una niña. Meciéndose candorosamente en la tela de la araña, Greg se hundía en el postergado sueño de la voluptuosidad. Fátima pudo ver la creciente protuberancia, resaltada por el cinto que ceñía las calzas por la cintura y se enlazaba por debajo de las ingles. Fátima aproximó su mano a aquel promontorio que pugnaba por escapar del perímetro del triángulo formado por el cinto de cuero. Pero no lo tocó. Le susurraba en portugués al oído todo lo que sería capaz de hacer de tenerlo entre sus manos. Y así, sin tocarlo, recorría con su pequeña palma el contorno de la prominencia cada vez más vertical. La mano de Fátima parecía ejercer un curioso efecto magnético: sin que existiera contacto, cuando el extremo de los dedos se movía siguiendo la forma del voluminoso animal en cautiverio, éste parecía agitarse, como un pez boqueando, de acuerdo al vaivén de la mano. Los muslos y las pantorrillas de Fátima se tensaban conforme mecía sus caderas y recorría con su entrepierna el contorno de la rodilla de Greg.

En el mismo momento en que el pintor había logrado liberar una de sus muñecas de la tiranía de las manos de la mujer y empezaba a trepar muslo arriba, los dos pudieron escuchar los presurosos pasos de Dirk avanzando por la calle del Asno Ciego. Entonces Fátima se incorporó despacio, posó su boca sobre la del pintor y deslizó su lengua suavemente sobre la superficie de sus labios, se acomodó las faldas y lentamente volvió a sentarse sobre la banqueta. En ese instante se abrió la puerta y entró Dirk. El panorama con el que se encontró era exactamente igual al que había dejado minutos antes, salvo por el ligero rubor en las mejillas de Fátima y el sordo cataclismo que acababa de desatarse en el espíritu de su hermano.

5

BLANCO DE PLOMO

I

A esa misma hora, en las afueras de Florencia, la comisión de la guardia ducal presidida por el prior Severo Setimio, revisaba minuciosamente la choza abandonada de Juan Díaz de Zorrilla. La sorpresiva desaparición del pintor español se había producido cuando ya existía en toda la zona un extenso rastro de sospechas en torno a una serie de acontecimientos tan graves como inexplicables. Primero había sido la muerte violenta de Pietro della Chiesa y el hallazgo de su cadáver en los aledaños del *Castello Corsini*. Coincidiendo con ese hecho, se tuvo noticia de la desaparición de otros dos hombres jóvenes que vivían en la alquería del castillo. Pocos días después, uno de ellos fue encontrado muerto, también en medio del bosque cercano, apenas oculto bajo un montón de ramas. Había sido asesinado de la misma forma que el discípulo: el rostro desollado y un profundo corte de cuchillo en la garganta. Del otro muchacho desaparecido, nada se sabía. Una ola de miedo e indignación se había apoderado de la pequeña villa que se extendía en la falda del monte en cuya cima se alzaba el castillo. Una llorosa delegación de ancianos, mujeres y familiares de las dos víctimas le había suplicado al duque que la comisión presidida por el prior encontrara, de una vez, al asesino. Severo Setimio, mascullando su indignación al quedar en evidencia su propia inoperancia comparecía, rojo de vergüenza y de ira, ante el duque. Si aún no había descubierto al culpable, entonces, como en sus viejos tiempos de inquisidor infantil, tenía que apelar a los antiguos recursos.

Y uno de los principales sospechosos, aunque no el único, era el extraño pintor eremita. Entre la multitud de objetos abandonados por Juan Díaz de Zorrilla, los hombres de la guardia ducal encontraron numerosas sanguinas que representaban a un hombre joven. Mezclados entre los frascos que guardaban aceites, diluyentes y pigmentos, hallaron botellas que contenían sangre. En un pequeño cofre había greñas de cabello humano y restos de uñas prolijamente cortadas.

Cuando Francesco Monterga fue interrogado por la guardia ducal, no dudó en reconocer los rasgos de Pietro della Chiesa en los dibujos abandonados por el pintor español. Sin embargo, no pudo afirmar categóricamente que el cabello y las uñas pertenecieran a su discípulo. En cuanto a la sangre, tampoco podía asegurarse que fuese humana. El maestro florentino expuso al prior las extrañas fórmulas que aplicaba Díaz de Zorrilla para preparar sus pinturas. Le reveló que el español, según le había confesado, solía utilizar sangre de animales entre los diluyentes y los diferentes pigmentos. Pero no le constaba que alguna vez hubiera usado sangre humana. La comisión no tardó en expedirse; por fin Severo Setimio tenía al asesino. Dispuso la inmediata búsqueda y captura del español. Vivo o muerto. Francesco Monterga le rogó al prior que le concediera a su viejo colega el favor de la justa duda. Pero era una decisión tomada. Bastó que corriera la voz para que los habitantes de la alquería salieran en turbamulta, armados de tridentes, hoces y palas, a hacer tronar el escarmiento.

II

Desde la muerte de Pietro della Chiesa el taller de Francesco Monterga se había convertido en un silencioso nido de suspicacias. La sorpresiva condena sumaria que pesaba sobre Juan Díaz de Zorrilla parecía no terminar de convencer a algunos. Ni siquiera al prior Severo Setimio que, aunque necesitaba dar el caso por cerrado para vindicar su alicaída imagen ante el duque, albergaba *in pectore* algunas dudas. Durante los últimos días de su breve existencia, el joven discípulo fue testigo involuntario de muchos acontecimientos sombríos. El prestigio de Francesco Monterga había sido puesto en duda por algunos rumores que Pietro, contra toda suposición y para su entera desilusión, terminó por confirmar. Y quizá, el discípulo dilecto del maestro no hubiese sido el único que presenció los furtivos encuentros —si es que hubo más de uno— entre Francesco Monterga y Giovanni Dinunzio. De hecho, el flamenco había dejado deslizar algún comentario filoso, aunque lo suficientemente ambiguo para sembrar la duda. En algún lugar del insidioso espíritu de Hubert van der Hans parecía anidar una sospecha. En rigor, detrás de su mirada siempre encandilada, a través de aquellos ojos de albino que rehuían la luz, no había detalle que pudiera escapar a su velada curiosidad. No existía un solo ápice en el taller que no hubiese sido minuciosamente examinado por el flamenco. En sus furtivas excursiones nocturnas a la biblioteca lo había revisado todo. De modo que no sería una hipótesis extravagante que, también él, hubiera sido testigo de algún otro encuentro entre el maestro y Giovanni Dinunzio. Se diría que Hubert albergaba la sospecha de que Francesco Monterga hubiera querido cegar la vergüenza y el deshonor a cualquier precio. Tampoco Giovanni parecía escapar a la recelosa mirada de Hubert; su condiscípulo no era el transparente joven de provincias que aparentaba. Detrás de su bucólica inocencia se ocultaba un espíritu volcánico, sombrío y dado a la debilidad de la carne. Varias veces había sorprendido Hubert a Dinunzio sosteniendo desesperadamente entre las manos el frasco que contenía el extracto de adormideras, inhalando los vapores narcotizantes del solvente. Sabía que no podía prescindir de los efluvios obtenidos de la flor de la amapola, y que la mansedumbre de su espíritu no obedecía a otra cosa que a sus efectos lenitivos. En una ocasión, un poco para saciar su curiosidad y otro poco por pura malicia, Hubert había escondido deliberadamente el preciado frasco de modo que Giovanni no pudiera encontrarlo fácilmente. El descubrimiento fue sorprendente; nunca había visto el flamenco tanta desesperación y furia contenida. Viéndolo deambular como una fiera en cautiverio, buscando y rebuscando frenéticamente, ganado por temblores y envuelto en un tul de sudor helado, no tuvo dudas de que aquel dócil campesino hubiese sido capaz de matar. Pero Hubert también sabía que Francesco Monterga, quien se ocupaba escrupulosamente de que nunca faltara el aceite de adormideras, hacía uso de la desesperación de su discípulo. Tal vez los encuentros secretos fueran propiciados por el maestro a cambio de la preciada pócima, que con frecuencia era aplicada en la dilución de los pigmentos, sólo o combinado con el de linaza, por sus propiedades de secado. Hubert van der Hans albergaba la conjetura de que la muerte de Pietro della Chiesa había sido obra de Francesco Monterga o de su discípulo, o bien de una secreta sociedad entre ambos. Sin embargo, se hubiera dicho que no le concedía a todo esto una gran importancia. El objeto máximo de su curiosidad, evidentemente, estaba puesto en otra parte.

Por otro lado, los recelos del flamenco parecían ser exactamente simétricos a los de Giovanni Dinunzio. No escapaba a la vista de nadie la excesiva curiosidad de Hubert. Sin saber exactamente de qué se trataba, el discípulo de Borgo San Sepolcro no ignoraba que en la biblioteca se ocultaba un secreto inexpugnable. Y tampoco era ajeno a las incursiones de su compañero en aquel recinto que le había sido explícitamente prohibido. Además, el hondo desprecio que solía prodigarle a él, era el mismo con el que trataba a Pietro cuando, burlándose de su pequeño cuerpo lampiño, lo humillaba llamándolo *La Bambina*. Pero Giovanni también sabía cuántos celos guardaba el corazón de Hubert. Pietro era dueño de una técnica del dibujo y la composición que más de un pintor consagrado hubiese querido para sí. Sabía que los ojos entreabiertos del flamenco miraban con una envidia inabarcable las tablas pintadas por el predilecto del maestro. Por mucho que se jactara de haber estudiado junto a los mejores pintores de Flandes, Hubert mal podía disimular que no habría de alcanzarle la vida para igualar a La Bambina en su manejo de las formas. Giovanni tampoco ignoraba que entre los tres existía una sorda competencia. Uno de ellos, sólo uno, podía aspirar a ingresar como pintor de la Casa Medici. Y por cierto, hasta el día de la tragedia, había un favorito.

El maestro Monterga, por su parte, parecía estar sumido en un profundo pozo de melancolía. Iba y venía por el taller como un fantasma agostado. Era la sombra de su sombra. Cuando finalmente se produjo la sentencia sobre su colega español terminó de derrumbarse. Se encerraba en la biblioteca y allí permanecía durante horas. En pocos días había envejecido diez años. Y cuando salía de su retiro en la biblioteca, ya ni siquiera tomaba la precaución de ponerle llaves. Varias veces escuchó cómo se abría la puerta y llegó a ver entrar furtivamente a Hubert. Pero fue como si no le diera ninguna importancia. Miraba a su discípulo de Flandes con una mezcla de temor disfrazado de indiferencia.

Sin que nadie lo advirtiera, Hubert van der Hans, cada vez que entraba en la biblioteca, estaba haciendo un trabajo monumental.

III

Durante algunos días Francesco Monterga parecía haber perdido todo interés en la obsesión que, desde hacía años, ocupaba la mayor parte de su existencia. Pero una mañana, como si se hubiese despertado de un breve letargo, recobró los viejos bríos. Hacia la medianoche solía encerrarse en la biblioteca y, como lo haría un exégeta de las Escrituras, pasaba horas interpretando las páginas del tratado que le legara su maestro Cosimo da Verona, a la luz de una vela que acababa por consumirse antes que su afán deductivo. El antiguo escrito del monje Eraclius, el *Diversarum artium Schedula* era, en términos generales, un manual de orden práctico. Constaba de veinticinco capítulos, cada uno de los cuales aportaba una suma de consejos al pintor, desprovistos de cualquier consideración teórica, especulativa o histórica. Enumeraba los distintos pigmentos conocidos y la forma de obtenerlos, molerlos y asociarlos; mencionaba los solventes, diluyentes y aglutinantes; clasificaba los diversos tipos de aceites y el modo de conseguir barnices. Aconsejaba cómo obtener temples firmes y duraderos, cómo hacer imprimaciones sobre tablas, de qué manera preparar los muros para pintar frescos en interiores y decorar paredes exteriores. Consignaba herramientas y sus aplicaciones adecuadas, usos y formas de fabricación de los diferentes tipos de pinceles, espátulas y carbones. Había algunas breves consideraciones sobre la copia de la figura humana y de cómo aprehender los distintos objetos de un paisaje, según volúmenes y distancias. Algunos de los consejos eran ampliamente conocidos por la mayoría de los pintores, pero otros constituían verdaderas revelaciones, por cierto celosamente guardadas por Francesco Monterga, y, además, se mencionaban ciertas fórmulas cuya aplicación en la práctica parecía imposible. Al último capítulo seguía una suerte de anexo o libro aparte, titulado *Coloribus et Artibus* y en la página siguiente aparecía un subtítulo: *Secretus Coloris in Status Purus*. Pero cuando el lector se aprestaba a saciar su curiosidad y daba vuelta a la hoja, se encontraba con el fragmento de *Los Libros del Orden* de san Agustín, entre cuyas letras se intercalaba una sucesión de números dispuestos sin arreglo a algún orden inteligible.

Credite,si 654238vultis nam quomodo id652988 explicem
nescio.Ego78935mirabar et tacebamTryg l8635 etius autem
ubi vidit 35825364 hominem paululum 35825364quasi dig
esta e25363698789103brietateaffab 85363698788601 ilem
fa 2587914203694221267ctum re248532142036942212ddi
7776311135641454132311565656232025563543234489121
2 tumque colloquio:Absurd 463um-inquit-mihi videtur, Li2
3 cienti, et plane alienum   589 a veritate quod dicis; sed 3
4 quaesopatiare me paululu 487m, nec perturbes clamitan 4
5 do. Dic quo vis-ait ille-; 697 non eniem metuo ne me a 5
6 uferas ab eo quod video a354 c pene teneo.Ultinam-inq 6
7 uit-ab eo quem defendis o369rdine devius non sis, non 7
8 tanta in Deum feraris (ut 523mitius loquar) in mala ord8
9 ine contineri?Certe enim 654Deus amat ordinem.Vere a9
0 mat-ait ille-; ab ipso man357at et cum ipso est.Et si qu0
l id potest de re tantum alta951 convennientius dici, cogitl
2 a, quaeso, ipse tecum. Ne254 cenim sum idoneus qui te 2
3 ista nunedo cea. -Quid co78l gitem?inquit Tru getius-A3
4 ccipio prorsus quod dicis 323 satisque mihi est in eo qu4
5 od intelligo.Certe enim et966 mala dixisti ordi em mana5
6 re a summo Deo ataque a 653 b e o diligi.Ex quo sequi 6
4541323115656562320255635432344891247776311135641
a sint a su523978 mmo Deo et ma la Deu826748s diligat.
In qua con57925 clusione timui Licentio 58635At ille inge
miscens. 35825364 difficultate verborum35825364nec omni
no qu25363698789103aerens quid r 85363698788601 espon
de2587914203694221267ret, sed 248532142036942212 que
1454132311565656232025563543234489124777631113564
qmadmodum quod respon   47dendum erat promeret:Non 2
3 dilligit,Deus mala-inquit-589, nec ob aliud, nisi, quia o3
4 rdinis non et mala diligat.487Et ordinem ideomultum di4
5 diligit quia per eun non d 695illigit mala.At vero ipsa m5
6 ala qui possunt non esse o352rdine,cum Deus illa non d6
7 illigat? Nam iste ets malo269rum ordo ut non dilligantu7
8 r a Deo. An parvus rerum 583ordo tibi videtur, ut et bor8
9 a Deus dilligat et not dilli854 gat mala? Ita nec praeter 9
0 ordinem sunt mala, quae 350non dilligit Deus, et ipsum0
l tamen ordinem dilligit: ho95l c ipsum enim dilligit diligl
2 ere bona, et non diligere 654mala, quod est magni ordi 2
3 nis, et divinae disposition78ls. Qui ordo atque dispositi3
4 o quia universitatis congr329uentiam ipsa distinctione o4
5 ustodit, fit ut mala etiam 446esse necesse sit. Itâ quasi 5
6 ex antithetis quadomodo, 332quod nobis etiam in oratio6
7 1454132311565656232025563543234489124777631113560

IV

Durante años, Francesco Monterga había intentado encontrar la clave oculta en aquella serie interminable de números. Cada vez que creyó aproximarse a una interpretación de su significado, el laborioso edificio de sentido que había logrado construir terminaba haciendo agua en la siguiente serie numérica y se derrumbaba como una torre de naipes. Sumaba, restaba, multiplicaba y dividía; sustituía cada número por su letra correspondiente en todos los alfabetos conocidos, de atrás para adelante y de adelante para atrás. Recurrió a la Cábala, a la numerología y a los oscuros postulados de la alquimia. Creyó encontrar una posible relación con la sucesión alfanumérica que regía el orden del Antiguo Testamento, pero siempre, una y otra vez, por un camino o por otro, llegaba al mismo sitio: el más desolador de los ceros. Entonces volvía a empezar. Por otra parte, el texto de san Agustín no hacía mención, ni explícita ni tácita ni metafórica, de nada que tuviese alguna relación con el color. Por momentos Monterga perdía la noción de lo que estaba buscando. Y en rigor, se diría que no acababa de saber qué entidad ontológica podía tener el color en estado puro.

En realidad, ni siquiera terminaba de explicarse qué era exactamente el color. Francesco Monterga, como todos los pintores, era un hombre práctico. Sostenía para sí que la pintura no era sino un oficio, y que su ejercicio no distaba en mucho del trabajo del carpintero o el del albañil. Por mucho fasto que revistiera la figura del artista, su delantal salpicado y mugriento, sus manos pobladas de callos, los pulmones quejumbrosos, el taller plagado de cáscaras de huevo y de moscas y, sobre todo, su magro patrimonio, eran el más terminante testimonio de su condición. De muy poco podría servirle el estudio de las leyes del Universo si no sabía mezclar las yemas de huevo con los pigmentos. No le servía de nada conocer los teoremas de los antiguos griegos si no podía establecer una perspectiva o un escorzo para pintar un modesto pesebre. No era necesario recitar de memoria a Platón para representar una caverna. Sin embargo, el entendimiento del concepto del color en estado puro lo había llevado más allá del cotidiano trabajo del artesano. Cada vez que preparaba un color en la paleta, no podía dejar de preguntarse por su naturaleza. ¿Era el color un atributo del objeto, podía existir independientemente de aquél? Si, tal como afirmaba Platón, el mundo sensible no era sino un pálido reflejo del mundo de las ideas, ¿acaso el color con el que trabajaba todos los días no era un pobre remedo del color esencial, del color en estado puro? Si la realidad sensible era una mísera copia del mundo de las ideas, entonces la pintura, como representación artificiosa de la naturaleza, era apenas una copia de la copia. De modo que si existiera el color en estado puro, quizá la pintura dejaría de ser una deficiente reproducción y alcanzaría a convertirse en un arte verdaderamente sublime. ¿Pero acaso podían fundirse en un lienzo la mundanal materia del universo sensible con la inasible idea del color en estado puro? La respuesta de aquella pregunta condujo a Francesco Monterga a la metódica lectura de Aristóteles. Leía y releía los pasajes de *De Anima*, *De Sensu et Sensilibus* y *De Coloribus*, y todas las reflexiones parecían coincidir en una misma definición: «La esencia del color está en la propiedad de los cuerpos de mover al diáfano en acto», es decir, el diáfano, forma que empleaba Aristóteles para denominar al éter lumínico, en sí mismo invisible, se manifiesta sobre los cuerpos, y son las propiedades particulares de cada cuerpo las que determinan uno u otro color, según se deduce del capítulo VII de *De Anima*. En *Sensu et sensibulus*, Aristóteles agregaba otra definición: «El color es la extremidad de lo perspicuo en el límite del cuerpo»; esto es, el color representa la frontera exacta entre el éter lumínico («lo perspicuo») y la materia. Francesco Monterga deducía, entonces, que la luz, el éter, era de naturaleza enteramente metafísica, en la medida en que no era perceptible a los sentidos por sí misma, sino mediante los cuerpos sobre los cuales yacía. Así como el alma se manifiesta a través del cuerpo y se torna imperceptible cuando éste se corrompe y muere, de la misma manera la luz es aprehensible sólo cuando se posa sobre un objeto. El color es el límite exacto entre la luz, de orden metafísico, y el objeto, de orden físico. Para Francesco Monterga, el problema de la pintura residía en el carácter enteramente material de los elementos que la constituían; los colores eran tan perecederos como el cuerpo condenado a la corrupción, la muerte y, finalmente, la extinción. Entonces, ¿cómo capturar ese límite y separarlo del objeto? Intuía que la respuesta estaba en el problema de la luz. El maestro florentino, después de soplar la llama de la vela cuando se disponía a dormir, y una vez envuelto en la penumbra de su cuarto, no podía evitar preguntarse si el color seguía existiendo cuando la luz se ausentaba. Pregunta que solían hacerse los antiguos griegos. Muchas veces, luego de pasarse horas trabajando en la mezcla de un color, o después de haber terminado un cuadro, al apagar el candelabro, lo asaltaba la desesperante idea de que, junto con la extinción de la luz, pudiera haberse extinguido también el color. Encendía y apagaba el candelabro tantas veces como lo acicateaba la duda. Francesco Monterga abrigaba la idea de que la luz era inmanente a Dios, que Dios era la pura luz y Dios no podía verse sino a través de los objetos de su creación. El color era entonces la frontera entre Dios y el mundo sensible. Y era una frontera cuya esencia estaba separada de cualquier concepto. Un hombre que ha nacido ciego puede entender el teorema de Pitágoras, puede imaginar un triángulo y comprender el concepto de la hipotenusa; pero no existe concepto ni forma de explicarle a un ciego, a fuerza de definiciones, qué es un color. Pero la misma incertidumbre, se decía Francesco Monterga, era extensiva a quienes gozaban del don de la vista. Con frecuencia le preguntaba a Pietro della Chiesa:

—¿Cómo saber si esto, que yo llamo verde, tú lo ves rojo aunque lo denominaras verde y creyéramos estar de acuerdo? —le decía sosteniendo en la diestra una col.

Por otra parte, los pigmentos, aun los mejores y los más valiosos, no dejaban de ser meras imitaciones. Por muy realista que pudiera parecer una veladura, no era sino una mezcla de vegetales y minerales que alcanzaban la apariencia de la carne. La solución que proponía Juan Díaz de Zorrilla, esto es, aprehender los colores de los mismos objetos a representar, además de resultar cruenta, sobre todo si los objetos en cuestión eran personas, era para Francesco Monterga una mera sustitución de lugar, consistente en trasladar la materia del objeto a la tabla. Es decir, por ese camino no se obtenía el color inherente al objeto, sino su propia materia.

El maestro florentino estaba convencido de que el jeroglífico de su viejo manuscrito revelaba, tal como lo indicaba el título, el modo de obtener el color despojado de su efímero sustento material. El arco iris era la prueba de que, bajo determinadas circunstancias, el color no precisaba de objeto alguno y podía permanecer puro en el éter. De manera que si realmente existía el *Coloris in Status Purus*, sólo bastaba descubrir la forma de fijarlo sobre una tabla o un lienzo. El Santo Sudario de Turín podía constituir una muestra de cómo el color, por obra de la luz Divina, podía fijarse sobre una tela. A juicio de Francesco Monterga, existían innumerables pruebas de que el color podía separarse del objeto. Bastaba con cerrar fuertemente los ojos para ver una infinita sucesión de colores, destellos cuyas tonalidades no existían en la naturaleza y no se aferraban a objeto alguno. Las crónicas de los viajeros que habían navegado hacia el norte, hasta los confines del mundo, juraban haber sido testigos de auroras en medio de la noche, cortinados de colores que se mecían sobre el cielo nocturno, sobre el éter puro y sin reposar en ningún astro.

Francesco Monterga acariciaba la idea de poder pintar prescindiendo de los pedestres recursos del aceite y la yema de huevo, de las polvorientas arcillas y el pedregullo molido, de las pringosas resinas y los minerales venenosos. Quería, como el poeta que separa la cosa de su esencia, trabajar el color con la misma limpia pureza con que se escribe un verso. Así como Dante pudo descender a los infiernos, navegar por los pestilentes ríos de Caronte, narrar los tormentos más espantosos y emerger limpio y puro por obra de la palabra, también él, Francesco Monterga, aspiraba a convertir la pintura en un arte sublime, despojado de las corrompidas contingencias de la materia. Así como la palabra *es* la idea misma y prescinde del objeto que designa, de la misma manera el color en estado puro habría de prescindir de un vehículo material, de un pigmento y de un diluyente. Y tenía la certeza de que aquella sucesión de números escondía la clave del secreto del color en estado puro.

V

Si las primeras incursiones de Hubert van der Hans en la biblioteca de Francesco Monterga eran subrepticias y tan esporádicas como las escasas ocasiones que se le presentaban, ahora que Pietro della Chiesa había muerto y el maestro vagaba por la casa como un alma en pena, el discípulo flamenco tenía el camino completamente allanado. La tímida presencia de Giovanni Dinunzio no constituía para él ningún obstáculo; se diría que Hubert guardaba un tácito pacto de silencio con su condiscípulo. Lo cierto es que cuando caía la tarde y el maestro Monterga se retiraba a descansar, la pálida y longilínea figura de Hubert van der Hans se escurría por el pasillo y, sin que mediara óbice, entraba en la biblioteca. Podía permanecer horas enteras cómodamente sentado en el sillón de su maestro. Francesco Monterga no sólo había olvidado definitivamente echar llave a la puerta, sino que el cofre que atesoraba el manuscrito estaba huérfano de toda protección; Hubert había conseguido violar la cerradura del candado y, cada vez que completaba su diaria tarea, afirmaba el arete en el pasador dejando la apariencia de que estaba todo en su lugar. El discípulo flamenco pasaba las primeras páginas del manuscrito y abría el libro en el jeroglífico. Hubert van der Hans corría con una ventaja sobre Francesco Monterga: todo el trabajo acumulado y desechado por el maestro florentino durante años estaba prolijamente anotado en un grueso cuaderno de tapas de piel de cordero que guardaba con el manuscrito. Allí se consignaban las diferentes hipótesis, las claves que podían conducir hacia algún camino, las posibles concordancias entre números y alfabetos y, aunque todos los intentos resultaron áridos, a Hubert le ahorraban años de duro trabajo. Al menos le indicaban qué senderos no conducían a ninguna parte. Apartándose los mechones blanquecinos que caían sobre sus ojos de murciélago, el flamenco trabajaba con tesón. Leía y releía de arriba hacia abajo, de abajo hacia arriba, de izquierda a derecha y de derecha a izquierda como los hebreos. Hubert van der Hans parecía estar siguiendo una clave precisa y se diría que cada día se hallaba más cerca de encontrar, al menos, un camino posible. Había un detalle que le otorgaba una inesperada y paradójica ventaja: su miopía pertinaz. Las dificultades para ver de cerca el texto, le daban un panorama más o menos distorsionado y general. Las letras por momentos se borroneaban frente a sus ojos, y no percibía más que formas inciertas, nebulosas, como aquel que adivina animales mitológicos en las nubes o el que distingue rostros en las manchas de humedad de las paredes. Y cuanto menos riguroso era su método, tanto más provechosos parecían ser los resultados. A su condición cuasi albina se sumaba el temprano aprendizaje, cuando era alumno de los hermanos van Mander, del oficio de miniaturista. La laboriosa tarea de pintar figuras a veces tan pequeñas como la cabeza de un clavo había dañado seriamente sus ojos. A la vacilante luz de una vela, Hubert tomaba notas y trazaba complejas coordenadas que sólo él era capaz de entender.

La misma pregunta que solía hacerse Pietro della Chiesa acerca del motivo que pudiera tener Francesco Monterga para tomar como discípulo a quien había sido alumno de su más tenaz enemigo, era la que el propio Hubert se formulaba cada vez que entraba en la biblioteca. No terminaba de explicarse la cándida hospitalidad con que lo había acogido en su taller, la inocente generosidad con que le revelaba sus más preciados secretos y la ciega confianza que le prodigaba al dejar cada rincón de su propia casa a su entera disposición.

Se diría que Hubert desconocía el concepto de la lealtad. Sin embargo, quien actúa por el principio de la traición, no puede ignorar su par antinómico. Y tal vez, por un camino insospechado y paradojal, sin siquiera percibirlo, en la misma medida en que consumaba la traición, por primera vez le estaba siendo fiel a su maestro. En rigor, empezaba a preguntarse quién era, en realidad, su verdadero maestro.

VI

Siete figuras fantasmales se mecían contra el cielo crepuscular hacia el que se precipitaba la tarde. Una brisa fresca que bajaba desde los Montes de Calvana las hamacaba suavemente, haciéndolas girar sobre su eje hacia uno y otro lado. Colgadas de la ramas de un roble marchito, las siete figuras parecían frutos macabros. Rodeadas desde el cielo por una bandada de cuervos impacientes, y vigiladas por la muchedumbre desde el pie del roble de cuyas ramas pendían, los cuerpos pendulantes de Il Castigliano y sus seis leales mastines eran exhibidos como trofeos de caza por una turbamulta enardecida. Y, literalmente, habían sido cazados por los furiosos habitantes del burgo perteneciente al *Castello Corsini*. Después de dos días de búsqueda sin tregua, auxiliados por los sabuesos y los feroces dogos atigrados de Nápoles, que el propio duque había puesto a su disposición, Juan Díaz de Zorrilla fue encontrado por la turba, exhausto y con un tobillo quebrado, en las cercanías de Fiesole. La jauría del español presentó batalla a los mastines napolitanos, pero viendo que estaban destrozando a dentelladas a los suyos, el pintor les ordenó abandonar la lucha. Por otra parte, los aldeanos los querían vivos. Pretendían obtener una confesión y sabían que sus perros eran su familia. Uno a uno fueron enlazados y atados a un árbol. Querían averiguar, además, qué había hecho el eremita con el joven que aún permanecía desaparecido y cuyo cadáver ni siquiera habían podido encontrar.

Primero fue brutalmente interrogado por el prior. Al padre del muchacho muerto tuvieron que sujetarlo entre cuatro miembros de la comisión ducal para que no atravesara con el tridente al pintor español. Las preguntas llegaban en tropel, vociferadas y acompañadas de puntapiés y guadañazos que pasaban muy cerca de la cara de Il Castigliano. Viendo que aquello iba a terminar en un infructuoso ajusticiamiento popular, la madre del joven desaparecido suplicó que no lo mataran hasta no saber qué había hecho con su hijo. El círculo iracundo se abrió y entonces un hombre viejo, aunque de expresión temible, se convirtió en el vocero de la turba enardecida. Por cada pregunta que quedaba sin respuesta, cada uno de sus perros era degollado. Los ánimos de la plebe eran alternativamente exaltados y luego morigerados por las breves arengas del prior Severo Setimio. Cebados de muerte, los mastines de Nápoles olían el perfume de la sangre y ladraban con la boca rebosante de espuma. Juan Díaz de Zorrilla sólo se pronunció para suplicar por la vida de sus perros. En el mismo momento en que iban a descargar el filo de la guadaña sobre el más viejo de la jauría, que desafiaba a su agresor mostrándole todos los dientes, el español anunció su disposición a confesar. Pero con la única condición de que no mataran al perro. Con la voz quebrada y vacilante, reconoció que él había asesinado a los jóvenes para extraer su sangre y con ella preparar pigmentos. Dijo que el cuerpo del otro hombre estaba enterrado debajo de un peñasco junto a su cabaña. Bastó que dijera esto último para que el círculo expectante se cerrara sobre Juan Díaz de Zorrilla; Severo Setimio se alejó unos pasos y observó desde una distancia imparcial. Fue una muerte horrorosa: hoces, guadañas, tridentes, palas y puñetazos cayeron todos de una vez sobre su humanidad yacente. En un promontorio coronado por un gran roble improvisaron un cadalso y lo colgaron cabeza abajo, por así decirlo, ya que estaba prácticamente decapitado. Sus perros corrieron la misma suerte.

La turba bajó de la montaña con la sed de venganza finalmente saciada. El abate cruzó las manos por debajo del abdomen y dio el caso por cerrado.

VII

Cuando Francesco Monterga se enteró de la noticia de la muerte de su colega español no pudo contener un llanto ahogado. No lo unía a él una estrecha amistad; no compartían un mismo criterio de la existencia, ni tampoco alguno acerca de la pintura. A sus discípulos no dejó de sorprenderles que guardara semejante piedad para con el asesino de su protegido, Pietro della Chiesa. Lejos de ver su espíritu confortado por la muerte de aquel que había segado la vida de su más leal alumno y arrancado de cuajo la ilusión de ver triunfar a quien estaba destinado a ser uno de los mejores pintores de Florencia, Francesco Monterga no podía disimular su amargura. Quizá para morigerar su tristeza, el maestro se impuso una tarea tan sistemática como inútil. Una mañana desempolvó el viejo boceto que meses atrás le encargara y luego rechazara Gilberto Guimaraes. Colocó la tabla en el caballete y se dispuso a concluir el retrato de Fátima, la esposa del naviero portugués. La misma obsesiva compulsión que, hasta pocos días atrás, ocupaba la mayor parte de su tiempo cuando se encerraba en la biblioteca, ahora había cambiado de objeto. Como en los viejos tiempos, cuando pintar era una pasión urgente e impostergable, cuando preparar un lienzo o imprimar una tabla era el perentorio prólogo para entregarse, por fin, a la ensoñación de la paleta, ahora había vuelto a pintar con aquel mismo fervor juvenil. Hacía muchos años que el maestro Monterga veía en la pintura apenas una fuente de sustento. Los numerosos trabajos que había hecho por encargo de su avaro mecenas no eran más que banales caprichos decorativos que, por cierto, ni siquiera le aseguraban un pasar más o menos decoroso. Su nombre alguna vez había tenido el mismo brillo que el de aquellos cuyas pinturas enjoyaban los palacios de los Medicis; pero ahora, caído en el olvido, derrotado como pintor, como maestro y como digno discípulo de Cosimo da Verona, viendo improbable que el tiempo restante de vida le alcanzara para develar el secreto del *Coloris in Status Purus*, volvía a aferrarse a la pintura como su única redención. La renuncia a sus oficios por parte de Gilberto Guimaraes había sido una humillante ofensa. Se diría que, aprovechando su encargo, Monterga se había propuesto demostrar, aunque sólo fuera para sí mismo, que todavía era uno de los mejores pintores de Florencia. Pero ahora, aunque la tarea fuese en vano y el cuadro muriera en el olvido, estaba dispuesto a concluir el retrato de Fátima. Según le confesó a Hubert, nada habría de causarle más placer que, alguna vez, el azar quisiera que Gilberto Guimaraes viera terminada la pintura que osó despreciar. Entonces, ni aunque le suplicara de rodillas, ni aunque le ofreciera hasta la última de sus riquezas, habría de acceder a vendérsela. Con las primeras luces del alba, cuando el sol era una tibia virtualidad tras las montañas, Francesco Monterga, con el ánimo súbitamente recuperado, comenzaba su tarea. Ataviado con un mandil de las épocas de estudiante y una gorra que databa de los tiempos en que todavía tenía pelo, pintaba alegre y apasionadamente. Parecía obsesionado por el rostro de Fátima; ni bien acababa de ultimar las agotadoras veladuras, antes de que secara el temple, deshacía el trabajo y volvía a comenzar. Podía pasarse horas contemplando el semblante de la portuguesa. En esas ocasiones se lo veía extasiado, y alguna vez los discípulos que le quedaban presenciaron cómo acariciaba las mejillas sonrosadas del retrato, como si hubiese perdido la razón. O como si un vínculo secreto lo uniera a Fátima.

Examinando la pintura y la expresión del maestro, Hubert van der Hans no pudo evitar que una idea escalofriante pasara por su blanca cabeza. Esa misma noche escribió una carta cuyo destinatario estaba en Brujas. No era la primera vez que esto ocurría; Francesco Monterga, sin que lo supiera su discípulo flamenco, había encontrado numerosas cartas ocultas entre las pertenencias de Hubert. Sabía exactamente los días en que su alumno flamenco se llegaba hasta el *Uffici Postale*, con las cartas ocultas entre las ropas. Pero exultante como estaba desde que había retomado el viejo retrato, el maestro Monterga parecía ajeno a todo cuanto sucedía a su alrededor.

Como si el destino de ambos estuviera siendo escrito con la misma pluma, como si el azar o la fatalidad quisiera unirlos sin que ellos mismos lo supieran, en ese exacto momento Francesco Monterga y su acérrimo enemigo flamenco, Dirk van Mander, otra vez se batían a duelo. Aunque uno y otro lo ignoraran, ambos estaban pintando a la misma persona. El destino de ambos ahora tenía un solo nombre: Fátima.

6

NEGRO DE MARFIL

I

A la misma hora en que Francesco Monterga retocaba por enésima vez el rostro de Fátima, tan lejano como un recuerdo, Dirk van Mander, con un pincel de pelo de camello, difuminaba sobre la tela de su estudio el rubor de sus mejillas tan cercanas y esquivas. Habían pasado más de tres semanas desde la llegada de Fátima a Brujas. Según el plazo establecido, quedaban sólo tres días para terminar el retrato. Pese a los denodados esfuerzos de Dirk para convencer a su cliente de que el trabajo, en efecto, iba a quedar concluido en la fecha que habían acordado, Fátima no podía ver en la tabla algo diferente de un boceto. Por mucho que se deshiciera en explicaciones técnicas y le perjurara que el óleo que habría de emplear tenía la propiedad de fraguar en cuestión de minutos, la portuguesa tenía buenos motivos para dudar. De acuerdo con una breve esquela que hiciera llegar Gilberto Guimaraes desde Ostende, su salud mejoraba notablemente, aunque volvía a manifestar su indignación para con las autoridades del puerto, pues éstas insistían en su negativa a que pudiera desembarcar. Decía, además, que en tres días el barco debía levar anclas y emprender el regreso a Lisboa.

Dirk recibió la noticia con una mezcla de alegría y desazón. Se alegraba frente al anuncio de que Gilberto Guimaraes no habría de llegarse hasta Brujas, pero no podía más que lamentar que en tan poco tiempo tuviera que irse Fátima. Albergaba la esperanza de que el plazo se extendiera aunque fuese por unos pocos días más. Deliberadamente, estaba retrasando la conclusión de la pintura con el propósito de forzar una prórroga y, de ese modo, prolongar la estadía de la portuguesa. Sabía que con el preparado del *Oleum Pretiosum*, la pintura podía estar terminada en poco tiempo; pero Dirk se había propuesto un trabajo mucho más arduo y cuya materia era más difícil de dominar que el más venenoso de los pigmentos: el corazón de Fátima. Sabía que la consistencia espiritual de la joven portuguesa era de una sustancia semejante a la del *Oleum Pretiosum*: tan luminosa y cautivante, como oscura y misteriosa su secreta composición; tan firme en su carácter, y a la vez tan inasible como los aceites más preciosos. La joven sencilla y amable, de sonrisa radiante y fresca, dueña de la simpleza de los campesinos, por momentos se transformaba en una mujer altiva, de expresión dura y amarga. La muchacha apasionada, la misma que buscaba furtivamente la boca de Dirk y le ofrecía un beso fugitivo, a veces tierno, a veces lascivo, sin que mediara motivo se convertía de pronto en un témpano de perfidia. Pero el corazón de Fátima era mucho más turbio aún de lo que podía percibir Dirk. El menor de los hermanos ni siquiera sospechaba que, en su ausencia, Fátima mantenía con Greg un romance oscuro, turbulento y por momentos salvaje. Para Dirk, Fátima era una tortuosa esperanza de amor ascético. Para Greg, en cambio, era una voluptuosa promesa carnal, una lujuriosa y mundanal urgencia. A Dirk le cerraba su corazón tan pronto como se lo abría. A Greg le ofrecía su cuerpo como una fruta jugosa y, en el momento del anhelado mordisco, la apartaba de la boca.

Durante los últimos días Greg pasaba la mayor parte del tiempo encerrado en el único sitio reservado sólo para él y al que su hermano menor tenía vedado acceder. Los cuatro muros de aquel frío recinto ocultaban los elementos que componían la fórmula del *Oleum Pretiosum*. Tal era el celo que ponía Greg en mantener el secreto, sobre todo a los ojos de Dirk, que a nadie permitía la entrada en sus oscuros dominios. Con la sola excepción de Fátima. La joven portuguesa había logrado en pocos días lo que nadie durante años: que el propio pintor le franqueara el acceso. La primera vez que Fátima entró en el recinto creyó saber exactamente qué significaba ser ciego. Ni siquiera hubiese podido describir aquel sitio cerrado cuyas ventanas habían sido tapiadas, por la sencilla razón de que no entraba un ápice de luz desde el exterior y, desde luego, Greg no necesitaba iluminarse. No sólo que no había ni una mísera vela, sino que la condición que había puesto el viejo pintor para que la mujer pudiese ingresar era que se abstuviera de encender fuego. Un intenso perfume a pino contrastaba con la penumbra y el encierro. A Fátima se le antojó que era un lugar grato y a la vez aterrador. En medio de la más cerrada oscuridad, tenía la impresión de estar perdida en un laberíntico bosque de pinos. Y, de no ser por la mano de Greg, que la conducía a cada paso, sin dudas hubiera sido incapaz de encontrar la salida por sí misma. Aquél era ahora el lugar de los encuentros furtivos. Como dos ciegos, a tientas y guiados por el mapa único de la forma de sus cuerpos, se recorrían mutuamente con sus manos, con la boca, con la lengua, con el pulpejo de los dedos. Enredados en aquella noche de una negrura infinita, se aferraban a la única certeza de las respiraciones agitadas, de las palabras entrecortadas dichas a media voz. En medio de aquel océano tenebroso en el cual no había arriba ni abajo, ni Oriente ni Occidente, Fátima se afianzaba a la sola certidumbre de la brújula firme y enhiesta que le ofrecía Greg. Siempre, la que llevaba el curso del timón era ella. Pero, invariablemente, cada vez que Greg se disponía a tomar el mando y llevar la travesía a buen puerto, cada vez que sus manos pretendían avanzar sobre el anhelado estuario, Fátima se incorporaba, se acomodaba las ropas y le suplicaba que la condujera hasta la salida.

—Todavía no —suspiraba Fátima, antes de perderse tras el vano de la puerta y emerger a la luz.

II

Solo en la profunda soledad de su ceguera. Solo en la inexpugnable soledad de las penumbras intramuros. Solo en la honda soledad de los carnales anhelos postergados, Greg van Mander, después de años, volvía a preparar la fórmula del *Oleum Pretiosum*. El viejo pintor ciego era, por así decirlo, la demostración palpable de que el color existía independientemente de la luz. En aquella negrura inconmensurable oliente a pinos, Greg, sin que nadie pudiera testificarlo, se movía sorteando muebles, vigas de madera que surcaban las bajas alturas del techo y los desniveles que complicaban la superficie del suelo. Iba y venía llevando y trayendo distintos frascos, moliendo pequeñas piedras en un mortero de bronce, mezclando aceites y resinas. Era una suerte de aquelarre íntimo e invisible. Trabajaba con la misma destreza y oficio con los que, veinte años atrás, cuando todavía veía, había hecho por primera vez el magistral preparado por encargo de Felipe III, cuando el noble francés le había encomendado la tarea de descubrir la fórmula de Jan van Eyck.

Todo el mundo supo que no solamente logró Greg van Mander reproducir las técnicas del gran maestro, sino que sus óleos resultaron aún superiores. Sin embargo, el propio ejecutor de la maravillosa receta apenas llegó a conocer su invención, el *Oleum Pretiosum*, ya que perdió la vista durante su preparación. Desde aquel entonces, Greg se había jurado no volver a elaborar el preciado óleo por elevadas que fuesen las fortunas que llegaran a ofrecerle. Así pues, su secreta actividad de aquellos días, fue para Greg como retrotraerse a la juventud. La llegada de Fátima había provocado una verdadera alteración no sólo en el universo cotidiano del viejo pintor, sino también en su recóndito infierno amurallado.

En el iluminado taller del puente sobre la calle del Asno Ciego, otra tormenta pasional se avecinaba. Mientras Dirk ultimaba los detalles para dar la primera capa de la pintura que estaba preparando su hermano, Fátima, posando resplandeciente delante del ventanal, pudo escuchar las inesperadas palabras del joven pintor. Las oyó perfectamente, pero no estaba segura de haber entendido. Sin embargo, su cuerpo se conmovió en un temblor. Miró a Dirk con unos ojos llenos de azoramiento, como conminándolo a que repitiera sus palabras. Y sólo entonces pudo confirmar lo que había creído no entender.

—Escapémonos —repitió Dirk con la voz entrecortada.

Ella le miró incrédula.

—Huyamos hoy mismo —imploró él por tercera vez.

Fátima, congelada en el taburete, lo miraba sin pronunciar palabra. Entonces Dirk, posando el pincel sobre la base del caballete, se quitó el turbante, caminó hasta la mujer y mirándola al centro de los ojos, con una expresión desconocida, inició un encendido monólogo. Le dijo que sabía que no amaba a su esposo, podía darse perfecta cuenta de que aquel anciano del cual jamás hablaba y cuya salud, evidentemente, ni siquiera le importaba, le provocaba un hondo rechazo. Le hizo ver que era una mujer joven y bella y que no tenía derecho a condenarse a la infelicidad o, peor aún, al lento remordimiento de esperar el dichoso día de la muerte de aquel que, de seguro, ni siquiera podía darle hijos. Sin medir las consecuencias de la ofensa que pudiera estar consumando, Dirk le dijo a Fátima que aquel vil comerciante que tenía por marido no podía ofrecerle más que dinero y que ella merecía mucho más que eso. Le imploró que huyeran juntos ese mismo día, le aseguró que ambos estaban presos de un destino tan cruel como injusto; finalmente, le dijo que también él era víctima de los tiránicos arbitrios de su hermano mayor, pero ya no lo ataba ni siquiera la piedad por su ceguera. Así como ella misma estaba cautiva entre las orladas paredes de su palacio de Lisboa, él estaba preso en aquella pestilente ciudad muerta que nada tenía para ofrecerle. Le dijo que no estaba dispuesto a ver cómo se consumían los últimos años de su juventud en la fúnebre soledad de la *ville morte*. Exento de toda modestia, pero hablando desde lo más profundo de su convicción, no vaciló en afirmar que sabía que era uno de los mejores pintores de Europa y que su futuro junto a su hermano se estaba malogrando; le explicó que el conocimiento de la fórmula de aquellas mismas pinturas que iba a emplear para retratarla le había sido negado siempre por Greg, le juró que no podía seguir pintando atado de manos. De rodillas, le suplicó a Fátima que escaparan ese mismo día. Podían ir a cualquier lugar del reino de Flandes; en Amberes o en Bruselas, en Gante o en las Ardenas, en Namur, Hainaut o Ámsterdam, sería recibido como un príncipe. Si ella así lo quería, podían ir más allá, a Venecia, a Florencia o a Siena. A Valladolid o a cualquier ciudad de España.

Hasta estaba dispuesto a que huyeran a Portugal, a la ciudad de Oporto. Él sabía que pocos pintores tenían su oficio y talento, y que por lo tanto podría trabajar en cualesquiera de las cortes del continente. Rendido a los pies de Fátima, le tomó la mano y, por última vez, le imploró:

—Vayámonos esta misma noche.

La mujer le pidió que se pusiera de pie y, atrayéndolo hacia su pecho, lo abrazó como a un niño.

En ese mismo momento se abrió la puerta y entró Greg. Por fin había terminado de preparar el óleo. En la diestra traía un frasco de vidrio en cuyo interior podía verse una suerte de diamante en estado líquido, dueño de un fulgor que parecía irradiar luz propia. Fátima apartó lentamente a Dirk y, presa de un encantamiento semejante al que produce la mirada de la serpiente en sus víctimas, se incorporó y caminó al encuentro del viejo pintor. Contemplaba aquella sustancia que no aparentaba pertenecer a este mundo y que, siendo que no presentaba color alguno, emitía resplandores que parecían contener todas las tonalidades del universo. Fátima volvió la mirada hacia Dirk y pudo ver que las lágrimas que corrían por su mejillas, comparadas con aquel néctar, eran como gotas opacas de agua estancada.

III

Por primera vez en más de veinte años Greg van Mander tenía otra vez entre sus manos el néctar que había jurado no volver a preparar, aquella sustancia que había llegado a conquistar una fama rayana con el mito: el *Oleum Pretiosum*. Y, por muy paradojal que pudiera resultar, su propio artífice nunca había podido verlo. En tres días de trabajo, había hecho una cantidad apenas suficiente para la primera capa. Sin embargo, el más rico de los pintores hubiese dado toda su fortuna a cambio de ese exiguo fondo que brillaba en el frasco. Greg se lo entregó a su hermano; a Dirk le tembló el pulso y por un momento temió que pudiera caer de su mano, cuya palma se había empapado con un sudor frío. No había el más mínimo margen para el error.

Pero incluso deslumbrado por la visión de aquel barniz más claro que el aire y que irradiaba refulgencias iridiscentes, no podía abstraerse del brillo de los ojos de Fátima. Miraba a trasluz aquel diamante acuoso por el que cualquier pintor hubiese estado dispuesto a dar su mano derecha, pese a lo cual no podía escapar al ensalmo de los labios de Fátima. Intentaba descifrar en ese líquido la materia secreta de su composición pero, antes, se le imponía conocer la respuesta que Fátima todavía no le había dado. Y mientras se debatía entre aquellos dos tesoros, Dirk tuvo la convicción de que podía sin duda huir de su hermano, pero que nunca lo haría del *Oleum Pretiosum*. Una idea cruzó por su mente y, por un momento, tuvo terror de su propia persona. Una idea de la cual temía no poder liberarse. Y un terror que habría de instalarse, para siempre, en su espíritu. Miró a Fátima y creyó que la mujer acababa de leerle el pensamiento. Sintió vergüenza y repugnancia, pero tuvo la impresión de que en los ojos de ella había una señal de aprobación. Tal vez, se atrevió a pensar Dirk, finalmente podría tener ambos tesoros.

El sol vertical del mediodía había despojado a las cosas de su sombra. La Ciudad Muerta se había animado de una rara alegría, semejante al silencio roto por el canto de un pájaro en un cementerio. El tiempo había mejorado en proporción inversa al ánimo de Dirk, ensombrecido ahora por una nube que tornaba turbios todos sus pensamientos. Fátima no podía despegar la vista de aquel óleo inédito. Una vez que el menor de los Van Mander le confirmó a su hermano lo que ya sabía, que la preparación había resultado perfecta, Greg se dispuso para la tarea crucial: darle color al *Oleum Pretiosum*. Comparado con el trabajo que implicaba la elaboración de la fórmula del barniz, el segundo paso resultaba, en apariencia, sencillo. Sin embargo, se corría el riesgo de equivocar las proporciones o de utilizar pigmentos deficientes, en cuyo caso todo el trabajo habría sido en vano. El óleo obtenido del aceite de nueces o de lino toleraba bien la dilución de un pigmento algo defectuoso, pero la perfecta licuefacción del *Oleum* no admitía el más mínimo vicio en ninguno de sus componentes. Greg, con la misma naturalidad y precisión con que manipulaba los temples al huevo, vertió una mínima cantidad sobre la paleta. El delgado hilo que caía desde el frasco presentaba la apariencia de un diminuto y vertical arco iris. Tomó de la alacena un negro de marfil que él mismo había preparado calcinando un colmillo de elefante traído del Oriente, comprobó su consistencia entre las yemas del índice y el pulgar, separó una cantidad en el interior de un dedal y, finalmente, lo espolvoreó sobre el barniz. El líquido se apoderó completamente del pigmento, atrayéndolo hacia sí como si se tratara de un organismo vivo. No hacía falta, siquiera, mezclarlo. El *Oleum Pretiosum* trabajaba, por así decirlo, amalgamándose al marfil calcinado como lo hiciera una medusa con la sangre de su víctima. En pocos minutos quedó preparada una verdadera porción de «nada» en estado puro. Si, tal como sostenía Aristóteles, el negro era la ausencia de color, eso mismo había sucedido en la paleta: se había producido una suerte de agujero en la materia solamente comparable a la idea imposible de la nada. Aquel negro podía definirse no por alguna de sus cualidades, sino exactamente por la ausencia absoluta de cualidad alguna. Y decir negro era, en sí, una abstracción para denominar lo innombrable, ya que en rigor, si algo podía verse en ese sector de la paleta, era nada.

Fátima y Dirk asistían atónitos a la transformación de la materia en su contrario. Pese a que se podía tocar con un pincel, pese a que parte de su consistencia estaba hecha con la sustancia de la que se compone el colmillo de un elefante, aquel negro indescriptible era la pura ausencia. No emitía reflejo alguno ni podía afirmarse que presentara volumen. No tenía profundidad ni superficie. No se podía deducir su peso ni decirse que fuera etéreo. Nada. Sencillamente nada. Se puede tener una noción conceptual del infinito; se puede aceptar la razonable idea de los griegos acerca de que en una recta existen infinitos puntos. Pero nadie nunca ha «visto» un infinito. De la misma manera, ante el cotidiano concepto de «ente» se puede deducir su contrario: el no ente, es decir, la nada. Sin embargo, nadie se atrevería a afirmar que alguna vez ha visto «nada». Excepto Fátima y Dirk, que estaban presenciando cómo aquella nada se extendía en la superficie de la paleta.

IV

En el principio fue el *Oleum Pretiosum*, y luego Greg hizo las tinieblas que se abrían en el haz del abismo, y lo llamó Negro.

El Espíritu de Greg se movía sobre el haz del abismo. Y dijo Greg: sea el Azul: y fue el Azul. Y, sin verlo, supo que el Azul era bueno.

Y apartó Greg la luz de las tinieblas. Y dijo Greg: hágase el Amarillo. Y fue el Amarillo.

Y así creó, también, el Rojo.

Y el Rojo era bueno.

Greg, otra vez dueño y señor de su universo, hacía y deshacía según su voluntad y, ciego como era, envuelto en sus íntimas tinieblas, creaba colores que ni siquiera podía ver. Sentado en su trono, la barba cayendo sobre su pecho ancho, con el índice extendido tocaba esto o aquello y todo lo transformaba en color. Como un Midas de la luz, convertía los más toscos minerales, las tierras más pisoteadas, las osamentas calcinadas de las bestias, en colores nunca vistos, al solo contacto del mágico *Oleum Pretiosum*.

Y dijo Greg: haya Blanco.

Vertió la última parte que quedaba en el fondo del frasco sobre la paleta, y le agregó el fino molido del blanco de plomo. Entonces, al mezclarse con el barniz, que se diría milagroso, se produjo lo indecible. Fátima y Dirk pudieron comprobar la afirmación de Aristóteles acerca de que el blanco era la suma de todos los colores y todas las sensaciones. Si el negro era la ausencia pura, el blanco era la suma total. Conforme el *Oleum Pretiosum* se apoderaba del polvo de plomo, una cantidad infinita de destellos de incontables tonalidades empezó a surgir de la mezcla. Con los ojos alucinados, Dirk y Fátima vieron cómo aquellas refulgencias iban formando imágenes concretas y a la vez inaprehensibles. Estaban viendo Todo. Estaban siendo testigos de la Historia del Universo. Si el blanco era la luz, si la luz se eternizaba en su derrotero por el Cosmos, aquel blanco era la síntesis de todas las imágenes del mundo sobre la acotada superficie de la paleta. Confirmando el testimonio del monje Giorgio Luigi di Borgo, que aseguraba haber visto el mítico Aleph, igual que él, en ese blanco que atesoraba la luz de todos los acontecimientos, Fátima y Dirk pudieron ver aquello mismo que escribiera el poeta de Borgo: «Vi el pulposo mar, vi el alba y la tarde (...), vi un laberinto roto (era Londres), vi interminables ojos inmediatos escrutándome en mí como en un espejo, vi todos los espejos del planeta y ninguno me reflejó. (...) vi caballos de crin arremolinada, en una playa del mar Caspio en el alba, vi la delicada osatura de mi mano (...) sentí vértigo y lloré, porque mis ojos habían visto ese objeto secreto y conjetural, cuyo nombre usurpan los hombres, pero que ningún hombre ha mirado: el inconcebible universo».

V

Blanco, negro, rojo, azul, amarillo. Si así pudieran definirse los inusitados colores que Greg había preparado en la paleta, todo estaba dispuesto y listo para que Dirk extendiera la primera capa sobre la tabla. Al menor de los Van Mander no dejaba de temblarle el pulso a la hora de tener que mezclar los colores según su entero criterio. Ahora que no podía contar con otro auxilio que el de su propio oficio, siendo que Greg ya había hecho su parte, tenía la inefable impresión de que era la primera vez que se confrontaba a una tabla. Levantaba la vista de la paleta y no podía evitar la sensación de que la realidad no era más que una pobre falsificación hecha de sombras comparada con los colores que descansaban sobre su mano. Después de tres días de trabajo, Greg estaba exhausto. Cuando se retiró a descansar, dejó tras de sí una ausencia y un silencio tan sólidos que se dirían tangibles. Dirk, sosteniendo un pincel vacilante entre los dedos, temía que al mezclar los colores el *Oleum Pretiosum* se corrompiera. Pero el temor que gobernaba sus manos era el mismo que se había instalado en su espíritu; esquivaba los ojos de Fátima, y el encendido monólogo que había emprendido un momento atrás parecía haberlo dejado sin palabras. Esperaba una respuesta. Pocas veces en la vida —y tal vez nunca— un hombre se encuentra con el objeto de sus más codiciados anhelos; para Dirk, tener en su diestra el óleo con el que todo pintor soñó alguna vez significaba llegar a la más alta ambición de su existencia. Pero si, además, el tan deseado *Oleum Pretiosum* coincidía en un retrato con aquella que ocupaba el centro de su corazón, se decía Dirk, ese milagro no podía ser sino la obra del destino. Estaba dispuesto a armarse de paciencia.

Sentada sobre el taburete, Fátima permanecía con la cabeza gacha y en silencio. Tomó la esquela que le había enviado su esposo y la contempló largamente; no la estaba leyendo. Nerviosamente, apretaba la carta entre sus dedos, la plegaba, la desplegaba y volvía a plisarla sobre los dobleces como si, en realidad, estuviera tratando de decidir el futuro de su marido en la materia del papel. Dirk seguía atentamente los movimientos de Fátima y hubiese deseado que arrojara la carta al fuego que empezaba a consumir, lentamente, el último leño. La mujer resopló como si quisiera romper el silencio y volvió a dejar la carta en el pequeño *scriptorium*, sobre las que parecían ser otras cartas. Con la misma displicencia con que se había deshecho de la nota de Gilberto Guimaraes, tomó de la tabla una de las cartas. Se diría que lo hizo como un acto involuntario, y Dirk ni siquiera pareció percatarse. Abstraída en apariencia, Fátima recorría con los ojos aquella escritura para ella incomprensible —estaba escrita en flamenco— sin prestarle la menor atención. Sin embargo, cuando llegó al final y vio la firma, le cambió la expresión. La rúbrica rezaba *Hubert van der Hans*. Dirk notó el gesto de Fátima, oteó la carta que sostenía entre los dedos y le preguntó cuál era el motivo de la sorpresa. Sólo entonces la portuguesa cayó en la cuenta del atrevimiento. Se disculpó, ruborizada, y como deshaciéndose del arma utilizada en un crimen, la devolvió a la tabla. Dirk, viendo que había sido un acto espontáneo y candoroso, no pudo menos que sonreír y excusarla. Sin embargo, volvió a preguntarle por el motivo del sobresalto. Fátima no pudo disimular un dejo de incomodidad por más que intentara restarle importancia al asunto. Entonces Dirk dejó la paleta y tomó la carta para ver de cuál de ellas se trataba. Sin dejar de sonreír, el menor de los hermanos quiso saber si aquel nombre que le había cambiado el gesto le era conocido. La mujer se encogió de hombros. Después de vacilar un momento, Fátima reconoció que le parecía vagamente familiar, aunque no recordaba exactamente de dónde ni por qué. A Dirk se le borró la sonrisa y, como si estuviera haciéndole una imputación, le espetó:

—Pues me consta que lo conocéis. De hecho, él me ha hablado de vos.

Fátima empalideció, el corazón le dio un vuelco en el pecho y sintió que el taller giraba en torno suyo.

—Pero qué frágil memoria —agregó Dirk desafiándola.

Una inexplicable expresión de pánico invadió el rostro de la mujer, que en la confusión no acertaba a pronunciar palabra.

Después de mantener un enigmático silencio, Dirk volvió al caballete, tomó la paleta y el pincel y mientras, finalmente, se decidía a ligar los colores, con un tono socarrón, murmuró:

—¿Florencia os dice algo?

Y cuanto más crecía la intriga, en la misma proporción, más espantada parecía Fátima, al punto de que, si le hubiesen respondido las piernas, se hubiera dicho que habría salido corriendo de la casa. Pero sólo atinó a preguntar tímidamente:

—¿Os ha hablado él de mí?

Dirk asintió con la cabeza y añadió:

—No imagináis siquiera cuánto me ha contado sobre vuestra persona.

Fátima sacudía la cabeza de izquierda a derecha, como si quisiera encontrar una explicación y, a la vez, como si estuviera intentando hallar las palabras más adecuadas para una defensa.

—Os conozco tanto... tanto —insistió Dirk.

El pintor hablaba oculto tras el caballete. Entretanto, Fátima, atrapada en un temblor irrefrenable, miró en derredor y, asegurándose de que Dirk no la viera, silenciosamente tomó de la repisa de la chimenea el filoso cuchillo que usaba Greg para separar la corteza de los leños.

Con el puño crispado, apretando el mango con una fuerza casi masculina, Fátima avanzó lentamente hacia el atril.

VI

La calle del Asno Ciego era un desierto. El sol acababa de ponerse en el medio de las cúpulas gemelas
de la *Onze Lieve Vrouwekerk*, la iglesia de Nuestra Seño-
ra. Era la hora en que la luz bañaba los tejados ennegrecidos de la ciudad con unos reflejos dorados que,
aunque por pocos minutos, le devolvían a Brujas parte
de su antiguo esplendor. Era la hora en que debían sonar las campanas de la basílica de la Santa Sangre, con-
denadas desde hacía años al silencio. A esa misma hora,
una gruesa gota roja resbalaba, descendente, por la piel
de Dirk van Mander, siguiendo el curso de las venas y
los accidentes del cuello. Una gota sanguínea que se
bifurcaba buscando el cauce de los tendones inflama-
dos e intentaba abrirse paso a través del selvático vello
del pecho del pintor. Fátima empuñaba el cuchillo en
la diestra y veía, en el reflejo de la hoja, la huella roja
cuya fuente era la boca apretada de Dirk. Más precisamente, la comisura de los labios. Era una gota de un
rojo tan vivo que recordaba la fatídica marca que deja
la muerte. El menor de los hermanos sintió cómo caía
el leve goteo sobre la piel, y se llevó la mano al cuello.
Entonces pudo comprobar que del pincel que sostenía

entre los dientes mientras preparaba la mezcla, estaban cayendo unas pocas gotas de pintura, malgastando el valioso *Oleum Pretiosum*. Como si aquel derramamiento de rojo cárdeno fuera una suerte de vaticinio, Fátima seguía avanzando sigilosamente hacia el caballete. Mientras se limpiaba el rastro del óleo, y sin verla todavía, Dirk retomó la palabra para refrescar la memoria de la mujer. Del otro lado de la tabla, ajeno a los propósitos de la portuguesa, le recordó que Hubert van der Hans, el firmante de la carta, era un joven discípulo suyo que, desde hacía algún tiempo, estaba cumpliendo una «misión» —ése fue el término que empleó— en Florencia, más precisamente en el taller de Francesco Monterga. Fue ahí donde se habían conocido, le recordó a Fátima. Hubert le escribió diciéndole que una bella mujer portuguesa había llegado a Florencia para retratarse con el maestro Monterga, que la dama había permanecido unos pocos días en la ciudad y, disconforme con el progreso del retrato, había decidido prescindir de los servicios del viejo pintor.

Cuando escuchó estas palabras, Fátima, que ya había levantado el brazo con el indudable propósito de descargarlo sobre su interlocutor, de pronto respiró aliviada, dejó caer lánguidamente la mano con la que sostenía el cuchillo y, tan silenciosamente como había llegado hasta el caballete, desandó sus pasos y volvió a sentarse sobre el taburete.

—Ahora lo recuerdo —dijo sonriente Fátima e, intentando convocar la imagen a su memoria, agregó—: Un joven muy rubio, alto y algo desgarbado, sí... —musitó como para sí, entrecerrando los ojos.

Dirk asintió animado.

No sin cierto asombro, como si le costara terminar de entender, Fátima le dijo a Dirk que ella había pensado que Hubert era discípulo del maestro Francesco

Monterga. Dirk rió con ganas. Picada por la curiosidad y el desconcierto, la mujer le preguntó al pintor si se podía saber cuál era la «misión» de Hubert en Florencia. Ahora fue el pintor quien se puso en pie, caminó hasta la habitación en la cual estaba descansando su hermano, se aseguró que estuviera dormido, dio media vuelta, regresó al taller, y cerró la puerta. Fátima se dispuso a escuchar una inesperada confidencia. Antes prometió guardar el secreto.

Dirk van Mander hablaba en un susurro. Le mostró a la mujer la paleta que sostenía en la diestra y le explicó que desconocía cuál era la razón que había tenido Greg para jurarse a sí mismo que nunca volvería a preparar el *Oleum Pretiosum*; desde hacía años se preguntaba por qué su hermano había resignado la gloria, riquezas y un lugar a la diestra de Felipe III. Y no sólo se resistió a la protección de la Casa Borgoña. Había recibido ofertas inconmensurables, riquezas y promesas de poder de otros poderosos señores. El mismísimo Santo Padre le había hecho llegar un mensajero ofreciéndole la regencia de los artistas del Vaticano a cambio, no ya de la fórmula, sino de la ejecución de un pequeño mural en la Santa Sede pintado con el óleo milagroso. Pero Greg se obstinaba en su negativa. Dirk le decía a Fátima que lo que nunca habría de perdonarle a su hermano era el miserable hecho de negarle su confianza. No se explicaba cómo no había sido capaz de confiarle a él, sangre de su sangre, el secreto de la fórmula. Se quejó amargamente de que lo había condenado a ser su lazarillo, su mero brazo ejecutor.

Él apenas si sabía que la fórmula no era una invención de Greg, sino que la había copiado de cierto manuscrito, probablemente de un antiguo códice del monje Eraclius que alguna vez estuvo en poder de Cosimo da Verona, el que fuera gran pintor y maestro de Francesco Monterga. Y Dirk tenía buenos motivos para sospechar que el manuscrito ahora estaba en manos del maestro florentino. Hubert van der Hans, el joven que ella había conocido en el taller de Florencia, era su último y más talentoso discípulo. Quiso el azar que el padre del muchacho, un próspero comerciante, se viera obligado a establecerse en Florencia con su familia. Fue al enterarse de esta circunstancia cuando se le ocurrió la idea: aprovechar la partida de Hubert para que éste se presentase ante el maestro Monterga y solicitara ser aceptado en su taller como discípulo. Era una jugada riesgosa, ya que existía una antigua enemistad entre él, Dirk, y el viejo maestro florentino. Tal vez Francesco Monterga se negara a acoger en su casa a quien había sido aprendiz de su más acérrimo contrincante. Aunque, tal vez, a causa de esta misma rivalidad, se aviniera a tomar a Hubert como un trofeo arrebatado al adversario. Y así fue.

Dirk le confesó a Fátima que el joven Hubert, con quien mantenía una secreta y fluida correspondencia, había conseguido penetrar la entraña misma del enemigo. Dirk iba a seguir con su relato, pero de pronto cayó en la cuenta de que estaba hablando más de lo que debía. En realidad, la inesperada confesión del menor de los Van Mander parecía esconder una segunda intención. Quizá, abriendo su corazón ante Fátima, sólo pretendía ablandar un poco el de ella.

La mujer se quedó callada, como si estuviera esperando la conclusión del nuevo soliloquio del pintor. Ante su cerrado silencio sólo atinó a preguntar:

—¿Por qué ir a buscar tan lejos, a Florencia, un secreto que se oculta tan cerca, en esta misma casa?

Dirk movió la cabeza de izquierda a derecha y contestó:

—Porque le he jurado a mi hermano jamás entrar en sus negros aposentos.

184

Fátima no podía creer estar escuchando una respuesta tan pueril y sencilla. Y adivinó que mentía. Podía imaginar, sin equivocarse, cuántas veces se habría deslizado subrepticiamente Dirk al recinto de su hermano; podía verlo, revolviendo aquí y allá, buscando una y otra vez, sin fortuna, el secreto que guardaba Greg. Entonces no pudo evitar la réplica que se imponía:

—¿Acaso Greg no acaba de romper su propio juramento al volver a preparar la fórmula?

Dirk suspiró hondamente y se tomó la cara entre las manos. Entonces Fátima fue todavía más allá:

—¿Acaso vos mismo no habéis colaborado con la falta de Greg al aceptar ejecutar con vuestras propias manos el quebranto del juramento?

Dirk vaciló un instante, buscó las palabras más adecuadas, y finalmente dijo:

—Si un crimen he cometido, ha sido el de pretender reunir en uno las dos cosas en las que se debate mi corazón: la pintura más anhelada y la mujer que amo, tal vez a mi pesar.

Antes de que el *Oleum Pretiosum* empezara a fraguar sobre la paleta, Dirk regresó al atril y se dispuso a plasmar en la tabla lo que acababa de confesar.

Todavía esperaba una respuesta de Fátima.

7

SIENA NATURAL

I

El retrato de Fátima estaba casi terminado. Francesco Monterga se alejó unos pasos del atril y consideró
la pintura a la distancia. Estaba íntimamente satisfe-
cho. Pensó en la cara que pondría su enemigo, Dirk
van Mander, crispada por la envidia, si tuviera la oportunidad de ver la tabla concluida. Pero no llegó a imaginar la expresión de ese rostro ya que, en realidad, el
pintor florentino y el flamenco, por curioso que pudiera resultar, jamás se habían visto. Su larga rivalidad
siempre había estado mediada por una suerte de cade-
na cuyos eslabones, por un motivo u otro, terminaban
siendo los objetos en disputa. Tal había sido el más reciente caso de Fátima y el de Hubert. Francesco Monterga caminaba de un lado a otro de la habitación considerando el retrato desde todos los ángulos posibles.
Sin ninguna modestia pensó para sí: «Perfecto». Y no
se equivocaba. En efecto, tal vez fuera una de sus mejores obras. Y la más inútil. No habría de representarle
una sola moneda. Sin embargo, pocas veces se sintió
tan reconfortado en su espíritu. Descubrió que el resentimiento era un acicate mucho más poderoso que
el más alentador de los halagos. Había pintado desde

el más profundo de los odios, desde el más amargo de los fracasos. Y el resultado había sido asombrosamente bello. Así como para hacer el más delicioso de los vinos era menester la putrefacción de las uvas, así como el repugnante gusano producía la más preciada de las sedas, así, con los elementos más ruines de su espíritu, el maestro Monterga había conseguido la que fuera, quizá, su obra más excelsa. Cualquier entendido hubiese jurado que era una pintura hecha al óleo. Sin embargo, no había en ella una sola gota de aceite. Así lo testimoniaban las cáscaras de huevo diseminadas aquí y allá. Y las moscas. Era un temple de una textura perfecta. Podía examinarse la tabla con una lupa y ni así encontrar el rastro de una pincelada. La superficie era tan limpia y pareja como la de un cristal o un remanso de agua quieta. Los colores eran tan brillantes como los de Jan van Eyck, el rostro de Fátima parecía salido del pincel del Giotto, y los escorzos y las perspectivas podían haber sido pergeñados por la matemática invención de Brunelleschi o de Masaccio. Francesco Monterga se llenó los pulmones con el aire hecho de su propio orgullo y pensó que aquella pequeña tabla podría tener un lugar en el incierto inventario de la posteridad. Entonces, envuelto en su mandil manchado de yema de huevo, la cabeza cubierta por una gorra raída, tomó la tabla del caballete, comprobó que se hubiera secado su superficie, la contempló largamente, giró sobre sus talones y la arrojó al fuego. El rostro de Francesco Monterga, iluminado por las llamas avivadas con la madera, tenía la expresión serena de quien celebra un triunfo. Estaba tratando de imaginar el rostro de Dirk van Mander descompuesto por la envidia.

Quien también parecía estar festejando una silenciosa victoria era Hubert van der Hans. Aprovechando el encierro de su maestro en el taller, había pasado la mayor parte del día en la biblioteca. Hasta que, concluidas por parte de ambos sendas tareas realizadas a espaldas del otro, los dos coincidieron en la escalera. No se dirigieron la palabra ni se miraron a los ojos, pero tanto el uno como el otro tenían el rostro iluminado por una euforia íntima, por un grato cansancio. Antes de perderse más allá del vano de la puerta, Hubert le anunció al maestro que iba a salir y le preguntó si necesitaba alguna cosa del mercado. Francesco Monterga negó con la cabeza y siguió su camino. De pronto lo asaltó una duda; una espina dura, filosa como un mal presagio, se instaló en su espíritu. Presuroso, bajó la escalera y se asomó al otro lado de la puerta. Cuando comprobó que su discípulo, con paso alegre, se alejaba camino al mercado, volvió a subir la escalera tan rápido como se lo permitía su edad, y siguió camino hacia la biblioteca. La puerta estaba sin llave. Entró y fue directo hacia el cajón donde guardaba el manuscrito. Lo puso sobre la mesa y buscó la diminuta llave del candado que aseguraba las tapas. Quiso abrirlo pero, producto del nerviosismo, las manos le temblaban a punto de no acertar la breve cerradura. Entonces, sin quererlo, tiró del arete y pudo comprobar que el candado había sido violado y ahora se abría sin necesidad de la llave. Recorrió rápidamente las páginas del antiguo códice y después, animado por la misma frenética inercia, salió de la biblioteca rumbo al pequeño altillo bajo el tejado. Allí estaban las pertenencias de Hubert. Cuando se acostumbró un poco a la oscuridad del cubículo, buscó con el extremo de los dedos debajo de una de las tablas rotas del piso, hasta que tanteó una superficie de cuero. Levantó la tabla floja y extrajo una alforja gastada. En su interior había un fajo de cartas y un cuaderno. Acercando las hojas al pequeño ventanuco, separó la carta de fecha más reciente y, con su precario conocimiento del alemán y el francés, dedujo dificultosamente el texto flamenco.

Francesco Monterga empalideció de terror. Salió del altillo y bajó la escalera en busca de su discípulo.

Temía que ya fuera tarde.

II

Y fue demasiado tarde.

La comisión ducal presidida por el prior se presentó en casa de Francesco Monterga. Giovanni Dinunzio, tembloroso y pálido, explicaba que, desde hacía dos días, no tenía noticias de su condiscípulo Hubert ni de su maestro. El prior apartó con el brazo a Giovanni, quien permanecía de pie, inmóvil en el vano de la puerta, y ordenó a los guardias que revisaran la casa. Un puñado de curiosos se apiñaba en la calle. Sin saber qué buscaban exactamente, los guardias abrían y cerraban cajones, revisaban alacenas, revolvían entre la infinidad de frascos deteniéndose en aquellos cuyo contenido era rojo, escrutaban las tablas, las telas y separaban todo aquello que consideraran relevante. Subían y bajaban la escalera, entraban en la biblioteca y trepaban al altillo. Giovanni, parado debajo del dintel, miraba por sobre su hombro con ojos incrédulos el gentío que se reunía en la puerta de la casa y, adentro, el pequeño ejército que acababa de invadir el taller. Si la desaparición de su maestro y la de su condiscípulo lo habían sumido en un miedo paralizante, la súbita y violenta irrupción de la guardia ducal lo llenó de pánico. De pronto tuvo delante de sí un grupo de hombres que no dejaba de interrogarlo; con gesto fiero y manos gesticulantes, con gritos y empujones, zarandeándolo de los brazos, le exigían una verdad que juraba no tener. Nada indicaba que el pintor y su discípulo se hubieran ausentado voluntariamente. Todas sus ropas estaban en la casa y no había indicios ni noticias que anunciaran un viaje. De nada parecían servir las vacilantes explicaciones de Giovanni, quien, con un gesto rayano en el llanto, le recordaba al prior que él mismo había sido quien le dio aviso de la desaparición.

En ese mismo momento un jinete que llegaba a todo galope obligó al grupo de curiosos que se amontonaba en la calle a dispersarse caóticamente. El caballo, bañado en un sudor fúlgido que denunciaba un viaje largo y urgente, se detuvo frente a la puerta de la casa. Con un salto ágil y perentorio el jinete, que vestía las mismas ropas que los miembros de la guardia ducal, se apeó y sin detenerse corrió y subió los escalones del pequeño atrio de la casa. El prior salió a su encuentro y allí, en el vestíbulo, recibió la trágica aunque predecible noticia.

Dos guardias tomaron por los brazos a Giovanni Dinunzio y lo condujeron hasta uno de los carruajes.

Siguiendo al jinete que acababa de llegar, en formación marcial, la caravana partió con rumbo a la *Porta Romana* y traspuso la muralla fortificada hacia las afueras de la ciudad. Giovanni Dinunzio, las manos sujetas por una cuerda que se enlazaba alrededor de su cuello de manera tal que cualquier intento de utilizar los brazos significaría su propio ahorcamiento, rompió en un llanto infantil.

III

Los habitantes de la villa perteneciente al *Castello Corsini* parecían condenados a no tener paz. Y tampoco el atribulado prior Severo Setimio quien tuvo que convencer al duque de que él nada había tenido que ver con la brutal ejecución del pintor español; al contrario, argumentó que hizo lo imposible por contener la furia de la turba. Como si la muerte fuera poco, ahora los aldeanos tenían que lidiar, además, con el peso de sus propias conciencias. Algunos días después del ajusticiamiento sumario de Juan Díaz de Zorrilla, cuando la sed de venganza se sació y así se calmaron un poco los ánimos, un nuevo y macabro hallazgo tuvo lugar en el bosque de la alquería. El remordimiento por la cruel injusticia se transformó en un miedo supersticioso. Igual que los de Pietro della Chiesa y del joven campesino, otro cuerpo desnudo, plagado de hematomas, degollado y con el rostro desfigurado, fue encontrado muy cerca del fatídico cobertizo de leña.

Los padres del muchacho desaparecido guardaban la dolorosa esperanza de reencontrarse con su hijo, aunque sólo fuera para darle cristiana sepultura. Corrieron desesperados al lugar fatídico. Sin embargo, el muerto era otro. La guardia ducal condujo a Giovanni Dinunzio hasta el árbol debajo de cuya sombra yacía el cadáver mutilado. No tuvo dudas; aquel cuerpo tendido cuan largo era, desprovisto de color y cuya cabellera, de tan rubia, parecía albina, pertenecía a su condiscípulo, Hubert van der Hans. Al miedo y al desconcierto de Giovanni se sumó el horror. A diferencia de los anteriores asesinatos, éste parecía haber sido hecho con cierto apuro. No sólo porque esta vez el asesino no se había tomado el trabajo de ocultar el cuerpo, sino porque la crueldad con la que le había arrancado la piel del rostro denunciaba la brutal torpeza producto de la urgencia. Y ahora, otra vez, llegaba el suplicio para Giovanni. Amarrado como un cordero, de rodillas a los pies del prior, uno de los guardias le preguntó qué había hecho con Francesco Monterga y con el joven cuyo cadáver permanecía desaparecido. Ante el silencio del aprendiz, el hombre tiraba de la soga consiguiendo no sólo oprimir la garganta sino, además, levantar las muñecas, atadas por detrás de la espalda, hasta la altura de los omóplatos. El prior Severo Setimio dirigía el tormento, y en sus ojos se revelaba la furia por su propia impericia, desviada ahora hacia su expiatorio prisionero. Era un dolor indecible cuya fuente parecía estar en los globos oculares, como si fueran a salirse de sus cuencas y reventar cual uvas. Desde los ojos ascendía hasta la frente, tal como si una corona de espinas le fuera a atravesar el cráneo, no desde la piel hacia el hueso, sino desde el interior de los sesos hacia afuera. Al mismo tiempo, la brutal presión sobre las muñecas le producía una quemazón en el pulpejo de los dedos al punto de dejar de sentirlos, como si se los hubieran cercenado. El movimiento ascendente de los brazos más allá de lo que permitía el radio de las articulaciones hacía tronar los huesos con un sonido desgarrador, semejante al que hacen las ramas al quebrarse. Giovanni Dinunzio, al borde de la asfixia, intentaba hablar pero era en vano. Las venas del cuello a punto de estallar, morado como una ciruela, movía la boca, como lo hiciera un pescado atrapado en un red, sin poder pronunciar palabra. No lo consideró como una paradoja, de hecho ni siquiera podría decirse que en tales circunstancias gozara ya del don del razonamiento, pero de haber sido testigo de la escena y no protagonista, Giovanni se hubiera preguntado cómo alguien sería capaz de responder una pregunta al mismo tiempo que le impedían hablar. Y en esta paradoja residía la eficacia del tormento. Ninguna otra cosa deseaba más que le permitieran decir algo. En el momento en que el pájaro de la muerte descendía hasta tocar con sus espolones el desfalleciente corazón de Giovanni, su verdugo disminuía la presión de la soga y permitía que tomara un poco de aire. Cuando veía que el joven, después de un acceso de toses y espasmos, se disponía a hablar, entonces, como en una pesadilla, volvía a tensar la cuerda y comenzaba, otra vez, el tormento. El prior repetía la pregunta al tiempo que el verdugo clausuraba la posibilidad de toda respuesta. A diferencia de la ejecución sumaria de Il Castigliano, esta vez los pobladores de la villa permanecían en silencio y a una distancia equivalente a sus propios pruritos. No se escuchaban pedidos de venganza a voz en cuello, ni vociferadas imprecaciones. Al contrario, algunas mujeres, viendo al joven ahogándose en su propio silencio, no podían evitar un gesto de piedad. Ya había sido demasiada muerte. Y demasiada injusticia. El fantasma del pintor español malamente ajusticiado, Juan Díaz de Zorrilla, sobrevolaba la escena del tormento y clavaba sus ojos injustamente cegados en la remordida conciencia de cada uno de los pobladores.

El padre del muchacho desaparecido, el mismo que había pedido la muerte de Il Castigliano, avanzó tres pasos y, apoyado sobre el tridente a modo de cayado, le suplicó al prior Severo Setimio que dejara hablar al joven. El verdugo lo miró indignado, como si se opusiera a que le aconsejaran cómo hacer su trabajo, y descargó su furia apretando aún más el nudo de la soga. Viendo que, ahora sí, Giovanni se estaba muriendo, el prior ordenó que lo soltara. El guardia ducal resopló fastidiado y, con un empellón brutal, lo dejó caer haciendo que la cara del reo se hundiera en el barro. El campesino le dio vuelta con el palo del tridente y cuando comprobó que todavía estaba vivo, le preguntó qué había hecho con su maestro. Giovanni se llenó los pulmones como si fuera la primera vez que respiraba, y se dispuso a hablar.

Nunca deseó tanto poder hablar.

IV

La última vez que Giovanni Dinunzio vio a Francesco Monterga fue la tarde en que presenció cómo el
maestro salió corriendo tras Hubert van der Hans.
Aunque luego de una o dos horas, antes de que cayera
el sol, escuchó que se abría la puerta y distinguió el
paso de Francesco subiendo la escalera. Giovanni permanecía en el taller preparando una tabla y, desde allí,
oyó las pisadas, primero en la biblioteca y luego, sobre
su cabeza, en el altillo. No llegó a verlo, pero creyó percibir que recorría la cocina y después volvía a bajar la
escalera hacia la calle. Aseguró haber escuchado cómo
se cerraba la puerta. Nunca más volvió a saber de él.

Lo que nunca supo Giovanni fue el descubrimiento que hiciera Francesco Monterga en el altillo. Luego
del bochornoso episodio que protagonizara con su
maestro en la biblioteca, aquel que accidentalmente
presenciara Pietro della Chiesa antes de su muerte,
Giovanni quedó sumido en una vergüenza de la que
nunca se pudo liberar. De hecho, a partir de ese día se
prometió no entrar jamás en ese recinto y evitar cualquier situación que lo enfrentara, a solas, con Francesco
Monterga. Sin embargo, su ingobernable compulsión

hacia los narcotizantes efluvios del aceite de adormideras lo obligaban a ceder a las repulsivas apetencias de su maestro. En esas ocasiones Francesco Monterga, luego de someterlo a prolongadas abstinencias que lo dejaban al borde de la desesperación, y sumergido en un mundo tenebroso hecho de temblores, sudores helados, insomnios interminables y pensamientos aciagos, le prometía el ansiado elixir a cambio, desde luego, de aquellos favores que había presenciado Pietro. Giovanni sentía una profunda repugnancia por su viejo maestro. Y muchas veces hubiese querido verlo muerto. Pero, para su propia desgracia, no podía evitar depender de su nefasta persona. O, más bien, de aquello que él le proveía. Giovanni había llegado a sentir un sincero afecto por su condiscípulo, Pietro della Chiesa. Y no terminaba de comprender cómo aquel muchacho frágil, sensible y talentoso podía guardar un sentimiento de cariño filial hacia ese anciano despreciable. No se explicaba cómo no podía ver cuánta abominable miseria guardaba su sombrío corazón. Tuvo que comprobarlo con sus propios ojos el día que los descubrió en la biblioteca. Dios sabía cuánto lamentaba Giovanni la muerte del pequeño Pietro. Y cuando veía cómo Francesco Monterga derramaba sus histriónicas lágrimas de desconsuelo frente a los ojos de quien quisiera verlo, no podía entender cómo cabía tanta hipocresía en un solo cuerpo. Nadie más interesado que Francesco Monterga en que aquel episodio se mantuviera en silencio, más aún luego de los crecientes rumores que empezaban a escucharse en torno a sus inclinaciones. Giovanni no tenía dudas de que Francesco Monterga había matado a Pietro della Chiesa. Hubiera querido denunciarlo; sin embargo, su maestro lo tenía prisionero de su propia e irrefrenable necesidad. De modo que, a su pesar, decidió llamarse a un cobarde silencio.

No quería enterarse de nada más. Resolvió cerrar los ojos, taparse los oídos y clausurar su boca. Aceptaba su triste destino con el único consuelo que significaba pintar. Si algo todavía lo mantenía aferrado al borde de la cornisa era la pasión por la pintura.

Por Hubert van der Hans no sentía más que una honda indiferencia. Recibía las ofensas del flamenco con estoica impasibilidad. Las veladas alusiones a su origen provinciano, al raso linaje de su familia y su mustio árbol genealógico lo tenían sin cuidado. No tenía nada de qué avergonzarse. Pero no podía evitar una interna rebelión cada vez que veía con qué hirientes modos se dirigía el flamenco a Pietro della Chiesa. Escuchaba con cuánta impune malicia lo llamaba La Bambina, aprovechándose de su frágil constitución y de su indefensa estatura. Cuántas veces había estado Giovanni a punto de tomar por el cuello a Hubert y sugerirle que tuviera la valentía de enfrentar a alguien de su tamaño. Pero sabía que sería mayor la humillación para el pequeño Pietro. Por otra parte, Giovanni no ignoraba la sospechosa curiosidad de Hubert por los recónditos meandros de la biblioteca. Veía cómo iba y venía a espaldas de Francesco Monterga y cómo se escabullía hacia el recinto cada vez que el maestro se distraía. Pero todo esto le era por completo indiferente. Nada le importaban ni la miserable existencia de Francesco Monterga ni las oscuras intrigas de Hubert. Lo único que quería Giovanni era pintar. Y que no le faltara aquello de lo cual no podía prescindir. E intentaba sobrellevar los amargos tragos de los favores que le exigía su maestro a cuenta de su infinita bondad.

Y a eso se limitaba su existencia.

El día en que desaparecieron Francesco Monterga y Hubert van der Hans, supo que estaba en problemas. Sabía que hacía falta un culpable y que el culpable estaba en el taller. De modo que, siendo él el único sobreviviente de la inexplicable tragedia, no quedaba otra alternativa. Cuando decidió dar aviso a la comisión ducal, tenía la certeza de estar cavando la fosa que habría de sepultarlo.

V

Lo que ignoraba Giovanni Dinunzio era el motivo que había llevado a Francesco Monterga a correr detrás de Hubert van der Hans. Sabía, sí, que la curiosidad que guardaba Hubert por la biblioteca era proporcional a la que tenía el maestro por las pertenencias de Hubert. Con el mismo furtivo empeño con el que el flamenco hurgaba entre los papeles, el viejo florentino revisaba los ordenados enseres de su discípulo.

Lo que Giovanni no supo jamás fue que ambos tenían sus razones. De hecho, cuando el maestro Monterga decidió aceptar como aprendiz a Hubert van der Hans fue por un doble motivo. El primero tenía el dulce sabor de la victoria sobre su enemigo. No pudo sustraerse a la enorme dicha de arrebatarle a Dirk van Mander su único alumno. El segundo motivo podía mensurarse en contante y sonante: el padre de Hubert le ofrecía una paga anual muy superior al magro dinero que recibía de manos de su benefactor, el duque de Volterra. Sin embargo, para su completa decepción, no tardó en descubrir que el destino no podía ser tan generoso con su desafortunada persona. Poco tiempo demoró en comprender que, en realidad, su nuevo discípulo era un oculto emisario de su enemigo, Dirk van Mander. La primera vez que lo vio merodeando en las cercanías de la biblioteca adivinó cuál era la razón de su llegada a la casa: el viejo manuscrito que le legara su maestro Cosimo, el tratado del monje Eraclius, su atesorado *Diversarum Artium Schedula*.

Aquel día Francesco Monterga se maldijo por su infinita candidez y se prometió vengar su ingenuidad en la albina persona del joven flamenco. Se preguntaba cómo pudo haber sido tan estúpido ante una maniobra tan evidente. Cegado por la furia, a punto estuvo de echar a puntapiés de su taller al impostor. Pero en un súbito rapto de cordura entendió que quizá fuera mejor dejar que la farsa siguiera su curso y esperar que la jugada urdida por el enemigo rindiera algún fruto para, llegado ese momento, usarla en su propio provecho. Después de todo, se dijo, en tantos años de incontables intentos él no había podido conseguir un solo resultado. Había fracasado, una vez tras otra, en sus tentativas por descifrar el enigma oculto en el manuscrito. Ahora iba a dejar el trabajo en manos de su enemigo. Quizá él tuviera mejor suerte. A partir de aquel día decidió facilitarle un poco la tarea haciendo la vista gorda cada vez que Hubert entraba en la biblioteca. Sabía que el joven flamenco era inteligente y trabajaba con tesón. Si aplicaba en la resolución del jeroglífico el mismo obstinado esfuerzo que ponía en el aprendizaje de los escorzos y las perspectivas, tal vez hubiera esperanzas. Para facilitarle las cosas, Hubert llevaba escrupulosas anotaciones, apuntes y diagramas. A Francesco Monterga no le fue difícil encontrar el lugar donde ocultaba los progresos de su trabajo. Toda vez que podía, el maestro se escabullía al altillo, levantaba la tabla floja del piso y revisaba los avances de Hubert. Al principio comprobó que el flamenco derivaba en un mar de confusión y terminaba naufragando en el islote árido del más absoluto fracaso. Sin embargo, veía cómo se aventuraba en hipótesis francamente audaces que a él nunca se le hubieran ocurrido y que, por cierto, no estaban desprovistas de alguna lógica. Nada se perdía con darle tiempo; después de todo, Francesco Monterga seguía cobrando la generosa paga del padre del discípulo. Era una situación inédita e inmejorable: que alguien trabajara para él y, por añadidura, en lugar de pagar, cobrara. Qué más podía pedir.

Además de las cuidadosas anotaciones, Hubert, una vez por mes, escribía una carta a su verdadero maestro, Dirk van Mander. De todas ellas guardaba celosas copias. En esas misivas le relataba, puntualmente, el estado de la pesquisa y algunos pormenores de los métodos de preparación de tablas, la utilización de pigmentos y el uso de los aceites que empleaba en sus óleos el maestro florentino. También le revelaba las fórmulas que aplicaba en sus perspectivas y los recursos para los escorzos. El maestro Monterga no cabía en sí de orgullo cuando leía frases tales como: «Los paisajes desplegados a partir de dos, tres y hasta cuatro puntos de fuga, son un hallazgo maravilloso. Nunca había visto nada semejante». Un lugar destacado en las cartas del joven espía lo ocupaba el uso y la preparación de los temples al huevo. Francesco Monterga tampoco podía evitar una íntima vanidad cada vez que leía:

«Son un verdadero prodigio los temples que consigue, tienen el brillo y la consistencia del más puro de los óleos.»

Pero, en lo que concernía a la resolución del enigma del color en estado puro, todo se limitaba a una vaga promesa:

«No puedo afirmar haber alcanzado grandes avances, pero confío en que pronto habremos de ver algunos resultados.»

Y no eran promesas vanas. En menos tiempo de lo que esperaba, sorprendido por su buena estrella, Hubert van der Hans llegó a dilucidar, finalmente, el enigma.

Él mismo no salía de su asombro; la resolución siempre había estado tan cerca que, a causa de su misma proximidad, nadie había podido verla.

VI

Aquella tarde en la que Giovanni Dinunzio vio por última vez a Francesco Monterga y a Hubert van der Hans, el maestro florentino había descubierto que, mucho antes de lo esperado, su discípulo de Flandes había resuelto el enigma del tratado. Y no solamente eso. Cuando desplegó la copia de la última carta de Hubert, Monterga comprendió que el joven flamenco había salido, con la excusa de su ida al mercado, a fin de confiarla al *Uffici Postale*. En realidad la carta ya debía estar en viaje a Brujas. Francesco Monterga leyó con voracidad y urgencia:

«Los esfuerzos no han sido vanos. Creo haber develado, por fin, la clave del manuscrito.»

El maestro florentino, queriendo evitar las frases de formalidad y los preámbulos, leía caótica y ávidamente; pero cuanto más tiempo quería ganar tanto más se enredaba en un idioma que no era el suyo. Y entonces volvía al principio. Y así, con las manos temblorosas, la falta de luz que lo complicaba todo, iba y venía por la superficie del texto sin poder penetrar en su sentido. Se llamó a la calma, tomó una bocanada de aire y comenzó nuevamente.

A mi caro Maestro, Dirk van Mander:

Me honra informaros que el trabajo parece haber dado sus frutos. Después de errar sin rumbo y habiendo temido jamás encontrar el norte en este laberinto, me atrevo a afirmar que la fortuna me ha mostrado su sonriente faz. Los esfuerzos no han sido vanos. Creo haber develado, por fin, la clave del manuscrito. No os apresuréis a celebrar mi ingenio, pues la obra ha sido hecha por el azar antes que por mi modesta perspicacia. Y en homenaje a la verdad debo confesaros que fue mi torpe condición la que me condujo a resolver el jeroglífico que, por momentos, parecía no tener solución.

Os reproduzco aquí la hoja del manuscrito.

Como podéis apreciar, el texto corresponde a un fragmento del Tratado del Orden, *del gran san Agustín. De seguro, os debéis preguntar qué relación puede haber entre El Africano y un tratado de pintura. También yo lo he hecho. Y, como bien sabéis por mis informes, por muchas exégesis que intenté aplicar a las palabras, ningún resultado encontré. Habréis advertido también las series numéricas que se intercalan en el texto y que, desde luego, no corresponden a él. No imagináis siquiera la cantidad de cálculos que ensayé sin llegar a establecer una sola cifra que pareciera indicar alguna cosa.*

Una noche, exhausto por la infructuosa búsqueda, con los ojos rendidos ante la exigencia, cuando creía perdida toda posibilidad de llegar a puerto alguno, en medio de aquella oscuridad creí percibir de pronto la luz. Sabéis que mis ojos no son buenos, que poco veo si falta la luz y peor aún si sobra; que mal distingo un objeto si está muy lejos y menos todavía si está demasiado cerca. Sumad a mi natural condición cegata la fatiga física y mental. Llegó un momento en que no podía distinguir las letras, no veía más que nubladas formas y el texto se convirtió en un montón de líneas y columnas sin significado legible. Fue precisamente entonces cuando, desde la llanura con-

Credite, si 654238 vultis nam quomodo id652988 explicem
nescio. Ego78935 mirabar et tacebamTryg 18635 etius autem
ubi vidit 35825364 hominem paululum 35825364 quasi dig
esta e25363698789103brietateaffab 85363698788601 ilem
fa 2587914203694221267ctum re248532142036942212ddi
77763111356414541323115656562320255635432344891 2
2 tumque colloquio: Absurd 463 um-inquit-mihi videtur, Li2
3 cienti, et plane alienum   589 a veritate quod dicis; sed 3
4 quaesopatiare me paululu487m, nec perturbes clamitan 4
5 do. Dic quo vis-ait ille-; 697 non eniem metuo ne me a 5
6 uferas ab eo quod video a354 c pene teneo. Ultinam-inq 6
7 uit-ab eo quem defendis o369rdine devius non sis, non 7
8 tanta in Deum feraris (ut 523 mitius loquar) in mala ord8
9 ine contineri? Certe enim 654 Deus amat ordinem. Vere a9
0 mat-ait ille-; ab ipso man357at et cum ipso est. Et si qu0
l id potest de re tantum alt&951 convennientius dici, cogit l
2 a, quaeso, ipse tecum. Ne254 cenim sum idoneus qui te 2
3 ista nunedo cea. -Quid co781 gitem? inquit Tru getius-A3
4 ccipio prorsus quod dicis 323 satisque mihi est in eo qu4
5 od intelligo. Certe enim et966 mala dixisti ordi em mana5
6 re a summo Deo ataque a 653 b e o diligi. Ex quo sequi 6
45413231156565623202556354323448912477763111 3564
a sint a su523978mmo Deo et ma la Deu826748s diligat.
In qua con 57925 clusione timui Licentio 58635At ille inge
miscens. 35825364 difficultate verborum35825364 nec omni
no qu25363698789103aerens quid r 85363698788601 espon
de2587914203694221267ret, sed 248532142036942212 que
1454132311565656232025563543234489124777631113564
9madmodum quod respon   47&endum erat promeret: Non 2
3 dilligit, Deus mala-inquit- 589. nec ob aliud, nisi, quia o3
4 rdinis non et mala diligat. 487Et ordinem ideomultum di4
5 diligit quia per eun non d 695illigit mala. At vero ipsa m5
6 ala qui possunt non esse o352rdine, cum Deus illa non d6
7 illigat? Nam iste ets malo269rum ordo ut non dilligantu7
8 r a Deo. An parvus rerum 583ordo tibi videtur, ut et bor8
9 a Deus dilligat et not dilli854 gat mala? Ita nec praeter 9
0 ordinem sunt mala, quae 350non dilligit Deus, et ipsum0
l tamen ordinem dilligit: ho951 c ipsum enim dilligit dilig l
2 ere bona, et non diligere 654mala, quod est magni ordi 2
3 nis, et divinae disposition781s. Qui ordo atque dispositi3
4 o quia universitatis congr329uentiam ipsa distinctione c4
5 ustodit, fit ut mala etiam 446esse necesse sit. Ità quasi 5
6 ex antithetis quadomodo, 332quod nobis etiam in oratio6
7 145413231156565623202556354323448912477763111135 6

fusa del papel, surgió una forma reveladora. Fue como si de pronto, en virtud del desorden impuesto a mis ojos, se desprendieran las letras de los números como dos figuras independientes. Como si el propio título de la obra de san Agustín, Orden, fuese una apelación a la armonía, separé aquellas dos entidades de naturaleza diferente: cifras y palabras, en tanto formas puras y no en cuanto a sus significados. En un papel reproduje el dibujo que formaban los números, suprimiendo el texto del Gran Agustín. El resultado fue sorprendente. Os presento ahora lo que se formó en el papel.

Como ya habréis descubierto, es una forma geométrica muy particular. Ni bien se me hizo presente recordé, de inmediato, a qué obedecía esta figura. El manuscrito del monje Eraclius, como bien lo sabéis, estuvo durante años en manos de Cosimo da Verona, maestro de Francesco Monterga y a quien le legara su más preciado tesoro antes de morir en prisión. Pues bien, os afirmo que el secreto del color en estado puro es un agregado del gran Cosimo al manuscrito original.

Existe en la capilla del Hospital de San Egidio, muy cerca de aquí, un pequeño retablo que se debe justamente a Cosimo da Verona. Es una talla tan extraña como hermosa que se conoce como El triunfo de la luz. Varias veces me detuve a verla; su contemplación siempre ha ejercido en mi espíritu un efecto tan inquietante como grato. Es una serie de cuatro imágenes en las cuales se destaca la luminosa presencia de El Niño y la Virgen sobre las otras tres, que son sombrías y tétricas representaciones del mal. O al menos es lo que parecía ser. Pues bien, la forma que se origina desprendiendo las letras de los números coincide, exactamente, con el diseño del retablo de Cosimo. Me he tomado la tarea de reproduciros aquí la talla de la capilla de San Egidio.

Os sorprenderéis al ver lo que surge del retablo. Veréis cuán extraordinariamente familiares os resultarán los significados que de él brotarán. La primera figura muestra a la Virgen y al niño montados sobre el borrico de la natividad. Si os fijáis en detalle, veréis que el Niño no se agarra del cuello o

```
         654238                        652988
         78935                         18635
        35825364                      35825364
     25363698789103                85363698788601
   2587914203694221267          248532142036942212
7776311135641454132311565656232025563543234489121
2                      463                          2
3                      589                          3
4                      487                          4
5                      697                          5
6                      354                          6
7                      369                          7
8                      523                          8
9                      654                          9
0                      357                          0
1                      951                          1
2                      254                          2
3                      781                          3
4                      323                          4
5                      966                          5
6                      653                          6
4541323115656562320255635432344891247776311135 64
         523978                        826748
         57925                         58635
        35825364                      35825364
     25363698789103                85363698788601
   2587914203694221267          248532142036942212
1454132311565656232025563543234489124777631111356
2                      473                          2
3                      589                          3
4                      487                          4
5                      695                          5
6                      352                          6
7                      269                          7
8                      583                          8
9                      854                          9
0                      350                          0
1                      951                          1
2                      654                          2
3                      781                          3
4                      329                          4
5                      446                          5
6                      332                          6
7454132311565656232025563543234489124777631113 47
```

de las crines del animal, sino que se abraza a su cara, cubriéndole los ojos. Imagino que a esta altura sospecháis el significado. Por si fuera poco, en la leyenda que aparece en la base puede leerse claramente Via Crucis. Además de la extrañeza que produce la leyenda en relación con la figura, puesto que no se compadece una con otra, la palabra «Via» se destaca sobre «Crucis». Y ya habéis adivinado el significado que aparece de forma transparente: «Via» es «Calle»; el borrico con los ojos cubiertos es el Asno Ciego, es decir, la calle del Asno Ciego. La misma por donde pasa el puente sobre el cual está vuestro taller. Por si existiera alguna duda acerca de que se trata de una indicación de lugar, la segunda imagen no deja lugar a equívocos. La representación presidida por el diablo, en torno del cual un grupo de mujeres parece estar oficiando una oscura ceremonia, representa claramente un aquelarre. Si observáis, en la parte superior aparece el escudo del reino de Castilla. Y en castellano Brugge significa Brujas. De modo que hasta aquí el retablo nos dice que hay algo en la ciudad de Brujas, más precisamente en la calle del Asno Ciego. Imaginaréis mi sorpresa: llegar hasta Florencia para encontrar que el círculo se cierra en el lugar de partida. La tercera representación, el cuadro del hombre cavando una fosa hacia lo profundo de la tierra, hacia el reino de Lucifer, parece ser, en primera instancia, otra indicación de lugar. La figura de la Parca que sobrevuela la escena os resultará familiar: habéis de recordar que esa misma figura se encuentra tallada en una de las vigas de los aposentos privados de vuestro hermano, exactamente la viga central que sostiene el tejado. Ahí ha de estar la clave; tal vez se trate de un mecanismo simulado para abrir una puerta secreta que, tal como sugiere el grabado, conduzca a un sótano. Por último, el cuarto cuadro aparenta representar una visión de los infiernos: pecadores torturados hundiéndose en el pestilente río de Caronte. Sin embargo, las nubes que aparecen en la parte superior indican que hay un firmamento. Y si hay cielo, entonces mal podría tratarse del averno. Si miráis con detenimiento, veréis que la figura principal de este cuadro tiene las cuencas de los ojos vacías; ha perdido la vista. En este momento es cuando hemos de preguntarnos

213

por aquel objeto luminoso, aquella esfera incandescente que, con mayor o menor preponderancia, aparece en las cuatro escenas. No es difícil deducir que se trata del objeto en cuestión, el color en estado puro. Y la esfera parece ser lo que ha causado la ceguera del pecador. El mensaje aparenta encerrar una advertencia: si miras aquello que te está prohibido, la ceguera será tu castigo. Y otra vez, todo se torna familiar. Vuestro hermano Greg, aquel que parece ser el dueño del secreto, aquel que, conociendo el Secretus Coloris in Status Purus, *es el único capaz de hacer el* Oleum Pretiosum, *se ha quedado ciego cuando estaba preparando la fórmula. No pude evitar que un escalofrío corriera por mi espalda cuando recordé que también Cosimo da Verona había muerto ciego.*

La sentencia que surge del retablo parece irrevocable: al que intente desenterrar el secreto del color, lo habrá de esperar la muerte de la vista, esto es, la ceguera, según se confirma otra vez en la representación de la Parca, en cuya guadaña lleva los ojos cercenados al pecador.

Os digo una vez más: aquello que me enviasteis a buscar a Florencia está en Brujas, en los subsuelos de la casa de la calle del Asno Ciego, exactamente debajo de vuestros pies. Pero estáis advertido de cuál es el precio del conocimiento. No quisiera que la tragedia sea con vos.

Aunque hay algo más de lo que debo informaros.

Francesco Monterga respiró profundamente y prosiguió con la lectura de la carta. El maestro florentino sintió que el mundo se desmoronaba debajo de sus pies. La primera parte de la carta era la revelación de aquello que nunca había podido ver por estar, precisamente, frente a sus narices, y comprendió que el momento más esperado de su existencia había llegado tarde. Aquel instante de gloria que había anhelado la mayor parte de su vida se le había escapado por unos pocos minutos. Pero si por lo leído hasta ese momento no salía de su asombro, las líneas que seguían lo llenaron de pánico. Quizá todavía estuviera a tiempo, se dijo.

Fue entonces cuando corrió escaleras abajo con la esperanza de encontrar a Hubert antes de que enviara la carta.

VII

Entre el gentío del mercado encontró a Hubert. Pero fue demasiado tarde. Ahora bien, si Francesco Monterga había perdido la carrera contra el reloj en las breves calles que lo separaban del *Ufficio Postale,* todavía podía llegar a Brujas antes que la carta. Sólo que aún le quedaba un trabajo por delante. Y lo hizo. Con apuro y cierta desprolijidad. Pero lo hizo.

El viaje fue largo y contrariado. Con la misma perseverante voluntad que gobierna a las brújulas, Francesco Monterga emprendió camino hacia el norte. Siempre hacia el norte. A pie, a lomo de mula, a caballo, por agua y por tierra, remontando ríos y montañas, siguiendo la ruta tortuosa y escarpada de los Alpes, con el férreo y obstinado empeño que mueve los salmones contra la corriente, el maestro florentino se propuso llegar a Brujas antes que la carta. De Florencia llegó a Bolonia y de Bolonia a Verona, donde se encontró con el muro de los Alpes. Cuando alcanzó el valle del Adige llegó hasta Innsbruck. En Estrasburgo alcanzó las anheladas márgenes del Rhin. A bordo de un paquebote moroso y crujiente que parecía siempre a punto de encallar, una barcaza enclenque abarrotada de almas que huían de la ley o de la guerra, del hambre o de la injusticia o simplemente del tedio, Francesco Monterga avanzaba hacia el norte. Siempre hacia el norte. Si la carta seguía la ruta marítima que unía el collar de perlas que se iniciaba pasando antes por Génova y por Marsella, por Barcelona, Cartagena y desde allí, por la estrecha puerta de Gibraltar, alcanzar el Atlántico, si la nota debía acariciar el borde amable de Portugal, doblar la esquina recta de la Coruña y, rumbo al norte, alcanzar Normandía, y hacerse del Canal de la Mancha para, por fin, arribar a los Países Bajos, Francesco Monterga ganaba terreno a través de los valles interiores, las montañas y los ríos, siempre en línea recta. Siempre hacia el norte. Acompañado de aquellos que hablaban el idioma del silencio o el de las armas, se contagió el dolor y la desesperanza, la fiebre y la épica, se curó y volvió a enfermarse. Contrajo fiebres de todos los colores conocidos y también de las otras. Tuvo que defender su honor a punta de cuchillo en compañía de ladrones y desterrados. Y descubrió que no era más ni menos que ellos. Lo hirieron y también él hundió el metal en la carne. Y por primera vez no se sintió un cobarde. Por primera vez mató con honra, dando la puñalada franca, cara a cara con su contendiente. Por primera vez no mataba a traición y por sorpresa. Por primera vez no asestaba el golpe artero en el centro de la candidez de un joven indefenso. Por primera vez no tenía que ocultar la marca de su autoría, ni desollar el rostro, ni derramar lágrimas de simulado dolor.

Y así Francesco Monterga llegó por fin a Brujas, limpiando con sangre la sangre que había en sus manos.

8

COLORIS IN STATUS PURUS

I

El retrato de Fátima estaba concluido. Se hubiera dicho que la pintura estaba animada por el hálito de la vida. Tenía la misma luminosa vitalidad que irradiaba la portuguesa. Y la misma oscuridad que escondía su espíritu. Ese día expiraba el plazo estipulado por Gilberto Guimaraes. Y ese día terminaba, también, el tiempo para la respuesta que Dirk esperaba. Todavía estaban a tiempo de huir juntos. Fátima, sin embargo, no podía prestar atención a otra cosa que a su propio retrato. Se contemplaba en la superficie de la tabla como si anhelara *ser* aquella mujer y no la que *era*. Dirk, de pie frente al ventanal, mirando sin ver la ciudad muerta desde las breves alturas del pequeño puente de la calle del Asno Ciego, imploraba en silencio que ella pronunciara una respuesta antes de que cayera la tarde. Más temprano de lo que esperaba, escuchó los cascos de los caballos acercándose. Dirk vio, derrotado, cómo se aproximaba el carruaje que habría de conducir a Fátima al puerto de Ostende. Sin embargo, para avivar los rescoldos de sus últimas esperanzas, el menor de los Van Mander descubrió que el hombre que ahora se acercaba hasta su puerta no era el cochero, sino un mensajero.

Con paso moroso, Dirk salió a su encuentro. La mujer, desde lo alto, vio que le entregaba una carta. El pintor volvió a entrar al taller tamborileando el rollo lacrado sobre la palma de su mano. Fátima no tardó en comprender quién era el remitente. Sin demasiada impaciencia, Dirk se dispuso a quebrar el lacre. Entonces Fátima rompió el silencio. Aproximándose al pintor, a la vez que le tendía la mano, le confesó que no sabía si tendría la valentía suficiente para abandonarlo todo, dejar a su esposo y su casa de Lisboa. Dirk se conmovió, y de pronto su cara se vio iluminada. Fátima buscaba sus manos. El menor de los Van Mander dejó la carta sobre la tabla y estrechó a la mujer en un abrazo tan prolongado como contenido. Se aproximaba la hora. Tenían que pensar con claridad y urgencia. El modo en que Fátima se había entregado a sus brazos, laxa y dócil, como si estuviera liberándose de una opresión tan antigua como dolorosa, era la respuesta que Dirk estaba esperando. El pintor hubiera permanecido así por toda la eternidad. Pero ahora había que ser expeditivo. La separó lentamente de su pecho y, sin soltarle las manos, le dijo que iba a disponerlo todo para su huida. Le habló como si no se estuviese refiriendo a los próximos minutos sino al resto de su vida. Con la voz quebrada por la conmoción, le susurró que ahora mismo habría de preparar los caballos y todo lo necesario para el viaje, y que antes de que cayera la tarde estaría todo listo para la partida. Volvió a abrazarla y, entonces sí, cruzó la puerta rumbo a la calle.

Desde las alturas del ventanal la mujer vio cómo el pintor se alejaba calle abajo. Cuando lo perdió de vista, giró sobre sus talones y, presa de una urgencia impostergable, corrió hasta donde estaba la carta, la tomó entre sus manos y, con el pulso turbado, rompió el lacre.

La una por el largo pero sereno camino de los mares, y el otro por la más breve pero tortuosa ruta interior, ambos, la carta y Francesco Monterga, habían llegado a Brujas al mismo tiempo.

Fátima desplegó el rollo y vio ante sí, claro y transparente, el mapa del tesoro. El tiempo apremiaba. Sosteniendo la carta entre sus manos, al mismo tiempo que leía, iba siguiendo paso a paso las indicaciones, ahora póstumas, aunque ella no lo supiera, de Hubert. Atravesó el taller y corrió hasta el oscuro refugio de Greg. Entró al habitáculo sin anunciarse, tal como lo hacía cada vez que Dirk se ausentaba de la casa, allanando el camino de los encuentros furtivos con Greg. Pero los propósitos de Fátima en esta ocasión eran otros; de hecho, albergaba la esperanza de que el viejo pintor no estuviese en su íntima fortaleza de tinieblas. Sin embargo, cuando el mayor de los hermanos percibió el paso ligero de la portuguesa entrando en la sala, tuvo la equivocada certidumbre de que aquélla habría de ser la despedida, el más ansiado de los encuentros. Cuando Fátima vio que Greg se incorporaba y, a tientas, iba hacia ella, retrocedió un paso y pegó sus espaldas a la pared. Apretó la carta en su mano y, mientras el hombre avanzaba, se crispó como lo hiciera una gata acorralada, vislumbrando un camino de fuga entre Greg y la pared opuesta. Como fuere, tenía que sortear la voluminosa humanidad que se acercaba, y alcanzar la alta viga oblicua que indicaba la carta, aquella en cuya superficie estaba la talla de la Parca. En el momento en que estaba por dar el primer paso, con la rapidez de un predador el viejo pintor se abalanzó sobre su persona. Forcejearon. Fátima intentaba con desesperación liberarse del acoso, pero Greg, con sus manos acromegálicas, tenía sujetas sus muñecas por detrás de la espalda. La mujer comprendió que gritar sólo podía empeorar las cosas. Intentaba defenderse utilizando las rodillas, la cabeza y los dientes. Pero cuanto más luchaba por liberarse, tanto más se complicaba y perdía fuerzas. Cada nuevo intento de Fátima le restaba aliento y quedaba a la entera merced del mayor de los Van Mander. A punto tal, que Greg consiguió sujetar las muñecas de la mujer con una sola mano y, con la diestra libre, comenzó a recorrer su cuerpo convulsionado de miedo y repulsión. Lejos de resultarle una situación incómoda y dificultosa, Greg parecía propiciar el forcejeo como si su evidente superioridad le proporcionara un malicioso deleite. Con un ímpetu brutal, primero transitó los muslos de la mujer de abajo hacia arriba, a la vez que mordisqueaba su cuello surcado por las venas inflamadas. Fátima no pudo contener un alarido de espanto cuando sintió que la mano avanzaba, rauda y precisa, abriéndose paso por debajo de las faldas, hacia el centro de sus piernas. Entonces el grito de Fátima se hizo uno con el de Greg. El pintor había perdido el sentido de la vista y ahora pensaba que el del tacto también se le rebelaba. Cuando sus dedos buscaban la lisa geografía del pubis, se encontraron con una protuberancia inopinada. Fue un momento de incertidumbre que antecedió al horror. Y llegó el grito. Entonces Fátima, liberada de pronto de la mujer que había aprendido a ser, despojada a su pesar de su femenina condición, tomó fuerzas del hombre que ya no era y empujó a Greg, haciéndolo caer estrepitosamente. Enseguida tomó entre sus manos la pesada pala que descansaba contra la pared y entonces él, el que había sido Pietro della Chiesa, exhumado contra su propia voluntad, descargó un golpe seco y feroz en el rostro del viejo pintor. Viendo que Greg no se movía, se acomodó las faldas, se recompuso el pelo alisándolo con la palma de la mano y, sujetando todavía la pala, Fátima, ahora sí, decidió enterrar para siempre al pequeño Pietro.

II

Dirk caminaba con paso decidido hacia las caballe-
rizas que estaban al otro lado del canal. En el puente
sobre las aguas quietas, se cruzó con un hombre que
caminaba en sentido opuesto. Las presurosas pisadas
de ambos resonaron en las tablas contra el silencio de la
ciudad muerta. Bajo otras circunstancias hubiesen cambiado una mirada de curiosidad. Pero Dirk, impulsado
por la pendiente y la urgencia, ni siquiera reparó en el
forastero que presentaba la apariencia de un mendigo.
Uno y otro habían imaginado muchas veces cómo sería
el rostro del enemigo. Y ahora, cuando finalmente tenían la oportunidad de verse cara a cara, Dirk van Mander y Francesco Monterga se cruzaron sin mirarse.

En la casa sobre el puente del Asno Ciego, Fátima,
con la carta en la diestra, seguía las instrucciones que
dedujera Hubert. Se levantó un poco las faldas y pasó
por sobre el cuerpo horizontal de Greg. Buscó un candelero en el taller y lo encendió. Luego elevó la mirada
hacia el techo y vio la viga oblicua en la cual se distin-
guía inciertamente la figura de la Parca. Intentó alcan-
zarla primero parada en puntas de pie y luego dando
breves y empeñosos saltos. Pero estaba demasiada alta.

Acercó una banqueta, trepó y, una vez que pudo asirla, intentó moverla con todas sus fuerzas. Sin embargo, el grueso leño se mantenía inamovible. Entonces, abrazándose a la viga, se descolgó de la banqueta y por fin, bajo el propio peso de su cuerpo, la madera comenzó a ceder lentamente, moviéndose como una palanca. En ese momento Fátima escuchó el chirriante sonido de un mecanismo y pudo ver cómo a sus pies, en las tablas del piso, se abría un abismo cuadrado y negro. Se soltó de la viga y se asomó cautamente a aquel averno de tinieblas como si temiera que un demonio fuera a despuntar sus garras y llevársela con él. Acercó el candelero a la boca del sótano y vio una escalera vertical que parecía interminable.

Fue un descenso complicado; con una mano sostenía el candil y la carta y, con la otra, se sujetaba de los crujientes peldaños que iba dejando atrás. Cuando hizo pie en el fondo, iluminó el pasadizo que se abría frente a ella. Corría un viento frío cuyo origen era imposible determinar. Caminó abriéndose paso en la oscuridad hasta llegar a una puerta que parecía mucho más antigua que el resto de la casa. Un escalofrío corrió por su espalda. Se llenó los pulmones con aquel aire helado, se infundió ánimos y abrió la puerta. Se encontró en un recinto de piedra, pequeño, húmedo y frío. Una suerte de altar pagano se levantaba en el centro, confiriéndole a aquella fría cámara un sino extrañamente sacro. Sobre aquel raro relicario pétreo, un monolito despojado de todo ornamento, reposaba un cáliz de oro coronado por una pesada tapa cuya cúspide estaba rematada por la talla de un búho de ojos inmensos que parecían vigilar celosamente la entrada. Fátima comprendió que estaba frente a aquello con lo que todo pintor alguna vez había soñado, aquello que algunos imaginaban como una fórmula y otros concebían como una imprecisa entelequia; el más preciado secreto, apenas una conjetura sin forma o una hipótesis impronunciable: el color en estado puro. Y ahora estaba ahí, al alcance de su mano. Fátima dejó caer la carta y se encaminó, encandilada, hacia el cáliz. Extendió el brazo y se dispuso a levantar la tapa. Nunca llegó a leer la prevención que Hubert había escrito al final de la nota.

III

Francesco Monterga, la barba crecida hasta el pecho, flaco como nunca había estado y con la mirada perdida en su propia angustia, corría sin rumbo cierto por las callejuelas de Brujas. Atravesó en diagonal la plaza del *Markt* y se internó en el pequeño laberinto que se iniciaba tras la iglesia de la Santa Sangre. Como un perro que se guiara por el olfato, dobló una esquina y de pronto tuvo frente a sí el puente que cruzaba por sobre la calle del Asno Ciego, el mismo que describiera Hubert en la carta. Caminó hasta la delgada sombra que proyectaba el puente sobre el empedrado, miró hacia uno y otro lado intentando descifrar cuál de todas sería la puerta y, con más fortuna que cálculo, entró en la casa de los Van Mander. Sin medir consecuencias, corrió escaleras arriba hasta alcanzar la pasadera que unía ambas calles. Como no viera a nadie ni escuchara nada que delatara la presencia de alguien, se internó en el taller con paso decidido. Se asomó a la cocina y, al otro lado, vio una puerta entornada. La empujó sutilmente y, sin abrirla por completo, escrutó la estrecha franja iluminada que tenía frente a él. Cuando se acostumbró un poco a la penumbra distinguió un cuerpo que yacía cuan largo era en el centro del habitáculo. Entró, esquivó la viga que descendía extrañamente hacia el piso, y descubrió el hueco negro y cuadrado que se abría junto a la humanidad exánime del mayor de los hermanos. Temió que estuviera llegando demasiado tarde. Se descolgó por la angosta escalerilla vertical eludiendo varios peldaños y ni siquiera sintió la quemazón en las palmas causada por la brutal fricción contra el pasamanos. Literalmente, Francesco Monterga cayó de rodillas al subsuelo. Golpeado pero insensible al dolor, corrió a lo largo del pasillo en penumbras hacia la puerta entreabierta, desde cuya hendija se veía la débil luz del candil. Con sus últimas fuerzas el maestro florentino alcanzó la entrada de la cámara de piedra. Empujó la puerta y vio a su discípulo, Pietro della Chiesa, vestido como una mujer, con su mano posada sobre el búho, a punto de levantar la tapa del cáliz.

—¡No, Pietro! —alcanzó a gritar Francesco Monterga.

Fátima escuchó claramente y se sobresaltó. Pero no se sintió aludida por aquel nombre que acababan de pronunciar. Giró la cabeza por sobre su hombro y le costó reconocer a su viejo maestro en ese hombre agostado, encanecido y hecho de piel sobre hueso. Había pasado muy poco tiempo desde la última vez que se vieran. Y sin embargo, parecieron siglos. Fátima no quería recordar. Se resistía a evocar el día en que habían decidido urdir la farsa. Aquel lejano día en el que engendraron a Fátima, la portuguesa, y su inexistente marido armador, Gilberto Guimaraes. El día en que por primera vez se disfrazó de mujer para que Hubert la espiara en la biblioteca durante sus supuestas visitas furtivas. Aquella mujer inspirada en la persona de sor María, la entrañable cuidadora de Pietro en el *Ospedale degli Innocenti*, de quien aprendiera su idioma y cuya cándida sencillez y modos campesinos había imitado. Pero para dar a luz a Fátima era necesario, antes, matar a Pietro. De pie junto al cáliz de oro que contenía el objeto de sus desvelos, Fátima no quiso recordar el día en que, para enterrar definitivamente al pequeño discípulo, tuvieron que asesinar a un inocente campesino de talla semejante, y desollarle el rostro para que nadie pudiera sospechar del cambio de la identidad del cuerpo. A punto de develar el secreto del color *in status purus*, Fátima se negaba a evocar el problema que se les había presentado luego de matar al joven campesino: la familia del difunto habría de reclamar como propio el cadáver hallado en el bosque. Entonces hubo que ocultar la muerte con más muerte. La desaparición de una segunda víctima agregaría confusión, sugeriría la idea de que las muertes no tenían más fundamento que el de una mente perturbada. La invención de Fátima habría de ser la carnada perfecta para que Dirk van Mander mordiera el anzuelo. Qué más tentador que aceptar el trabajo para el que su enemigo, Francesco Monterga, había sido finalmente rechazado. Qué mejor manera de entrar en la casa del enemigo: una mujer bella en una ciudad muerta; una mujer joven y hermosa en la casa de dos hombres solos y derrotados. Qué mejor venganza para Pietro, por todas las humillaciones de Hubert, el espía flamenco, aquel que, burlándose de su pequeña y lampiña humanidad, lo llamaba La Bambina, que convertirse en una verdadera *Bambina* y vengar las ofensas en la persona de su maestro. Y ahora, frente al secreto más anhelado, Fátima no hubiese querido enterarse de la injusta muerte de Juan Díaz de Zorrilla, *Il Castigliano*, ni de los imperdonables tormentos que hubiera de sufrir su único amigo, Giovanni Dinunzio. Fátima nada hubiera querido saber de la muerte de Hubert a manos de Francesco Monterga el día en que envió la carta. De pie en el centro de aquella cripta helada, Fátima no quiso recordar los viles abusos de Francesco Monterga contra su discípulo de Borgo San Sepolcro, ni la tarde en que los descubriera en la biblioteca. De espaldas al cáliz y sin quitar la mirada del viejo maestro Florentino, Fátima se dispuso, por fin, a abrir el recipiente dorado.

—¡No, Pietro! —volvió a gritar Francesco Monterga. Pero ya era tarde. Ahora sí, Pietro della Chiesa estaba definitivamente enterrado.

Fátima levantó la tapa del copón de oro.

IV

Cuando Fátima levantó la tapa del cáliz se produjo algo que jamás habría de poder relatar. Porque, en rigor, no lo vio ya que estaba de espaldas al relicario, mirando a los ojos de Francesco Monterga que, contra su voluntad, se mantenían fijos sobre el copón de oro. Un resplandor de una blancura indecible emergió del recipiente e invadió todo el recinto. El maestro florentino, al fin, se encontró con el preciado secreto del color en estado puro. Vio el Todo y la Nada a la vez, vio el blanco y el negro, vio el caos y el cosmos repetirse hasta el infinito y vio el infinito expandido del universo y también el infinito inverso, introvertido, aquel que intuyera Zenón de Elea. Fue testigo del principio y del fin, vio la resolución de todas las aporías y comprendió el sentido último de todas las paradojas, vio todas las pinturas desde aquellas que se escondían en las remotas cavernas de Francia cuando Francia no tenía nombre, las de Egipto y las de Grecia, las de su maestro y las de sus discípulos y las que él mismo había hecho. Y también vio las que todavía no se habían pintado. Vio la cúpula de una capilla y el índice de Dios dándole la vida al primer hombre, la sonrisa incierta de una mujer contra un fondo abismal y beatífico, las perspectivas más maravillosas hechas por hombre alguno, escaleras que subían y bajaban a una vez, infinitamente. Vio a Saturno devorando a su hijo y una hilera de hombres siendo ejecutados con armas inauditas, vio una navaja cercenando una oreja y un campo de girasoles como nadie los había concebido, vio la catedral de Notre Dame repetida, idéntica y distinta según la orientación del sol, vio acantilados precipitándose al mar y bosques sajones solitarios y tenebrosos, vio mujeres alegres, desnudas, desoladas en burdeles de un futuro lejano y sórdido, vio un paisaje diurno en plena noche y una calle nocturna bajo un cielo de mediodía, vio unas reses sangrantes pendiendo desde los cuartos traseros, vio las edades de la mujer y colores despojados de sentido alguno, vio un pintor en el reflejo de un espejo y una incógnita familia real, vio un caballo deforme estirando su lengua deforme en un caos deforme bajo la devastación de la lejana e ibérica Guernica. Y no vio nada más. Nunca más. Igual que su maestro Cosimo da Verona, igual que Greg van Mander —que había protegido los ojos de su hermano menor hasta el último de sus días—, igual que todos quienes vieron revelado el secreto del color, los ojos de Francesco se apagaron en una noche negra y cerrada.

Pietro della Chiesa, Fátima, que permanecía de espaldas al cáliz, volvió a poner, sin girarse, la tapa sobre el copón y entonces se restableció la penumbra. Francesco Monterga, de rodillas y cubriéndose los ojos muertos, le suplicó que le diera el cáliz. Parecía no otorgarle ninguna importancia a su súbita ceguera. Nada le importaba más que hacerse con aquella pura aura bajo cuyo destello, el barniz más ordinario se transformaba en el más perfecto de los colores. Ninguna otra cosa quería más que esa luz absoluta que tornaba al pigmento más rústico, a su sola exposición, en la más inalcanzable de las pinturas. Había pagado el precio y ahora quería lo que le pertenecía. Aunque no pudiera verlo nunca más.

Fátima miraba a su viejo maestro dando brazadas en el aire, maldiciendo y suplicando, y en el fondo de sus ojos muertos percibió la codicia más profunda e inexplicable. Tomó la gruesa antorcha que descansaba en la pared, caminó sigilosamente hasta la puerta y, cuando estuvo a un paso, salió corriendo de la cripta, cerró el pesado portón de hierro y lo trabó, desde afuera, atravesando los aretes con el palo del candelero. Mientras se alejaba por el oscuro pasillo hasta la escalera que conducía a la superficie, Fátima escuchó por última vez los gritos ahogados de Francesco Monterga.

Desde el taller sobre el puente del Asno Ciego, Fátima contemplaba el atardecer sobre la ciudad muerta. Abrió los ventanales de par en par y se llenó los pulmones con aquel aire frío. Caminó hasta el barreño que contenía agua fresca y se enjuagó la cara y los brazos. Frente al espejo, limpió las manchas de su vestido de terciopelo verde, se alisó el pelo con la palma de la mano y se acomodó el tocado rematado en un capirote desde el que caía un tul. Entonces escuchó el tronar de caballos. Se contempló por última vez y corrió, radiante, escaleras abajo.

Desde el pescante, Dirk le tendió la mano y, con un salto ágil, Fátima se sentó a su lado. El sol era una virtualidad que doraba el empedrado. La portuguesa pensó en el remoto perfume del mar y en el amable bullicio de Lisboa. De aquella, su Lisboa, que nunca había pisado y que tanto le pertenecía. El carruaje pasó por debajo del puente de la calle del Asno Ciego y se perdió al otro lado del canal.

ÍNDICE